New window 新視野188

# 才不稀罕當空姐

## 這才是飛機上的真實人生

莎拉◎著

高寶書版集團

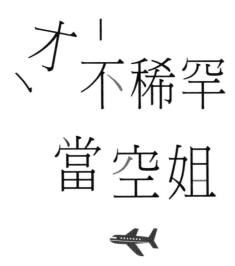

# 目錄

# 序

我曾是個懵懂無知的女孩，現在依舊是。唯一的不同是，我現在知道我懵懂無知。

初初開始寫這本書的時候，我懷抱了許多可以名之為是熱血的東西，這樣的熱血一半向內、一半向外。

向內的那部分是對自己。作為一個從小自然而然就喜歡寫作文、長大後也經營了一個純以寫文章為主體的部落格的人，能夠出一本書是多麼重要的事，定是自己的努力與才能被肯定了才有這樣的機遇。在出版社和我談過以後，得知了原來是因為近期的社會氛圍很有一股「空服員熱」，才會想找一位可以寫的空服員來出一本與機上工作相關的書籍。言下之意，雖然不是在貶抑我的文筆，但大多可以聽出「要不是妳是空服員，我們才不會找妳出書」這樣的弦外之音。

老實說，我有一點失望，他人看重的依舊是我外顯的、被包裝的一部分，並不是我本身。空服員的確是我的職業、很不巧的亦是佔我目前的人生最重的一部分，是我實在謀生的工具，在一般的社會價值中也算不容易被看低的一群，基本上哪個空服員在外自我介紹時只要秀出「我是空服員」的名號，就能十之八九地被人大半肯定。但在這樣面容姣好的名目之下，我依舊有非常想突破、吶喊的自我在心內鬼鬼祟祟，我並不希望自己就這樣竊喜於自介時刻，而能找到一個方法，令自己真實的面貌能突出在職業之外。

卑微而渺小的我，當然還是一臉歡欣接受了出版社的提議，答應出一本關於空服員職業的書。可是另一方面，我想出與自己與世間和解的方法，便是告訴自己，若是要寫，要拿我的職業做招牌門面，那我也要寫出與眾不同的內容，言人所不敢言，盡我所能去觸碰那些我所敢觸碰的最深暗的污穢。然後這便形成了我熱血向外拋灑的部分，期望由內而外，真正用核心不只是四肢的氣力，揮出漂亮一擊。

現在我寫完了，書也順利地出版，若只以結果論來看，我算是完成了，畢竟我也寫得算是掏心掏肺。

但在寫作過程中，為求慎重、為求公正，我盡可能一步步拆解所有好的壞的、壞的好的，撫著顫抖的心尖去書寫那些我認為最為要人噁心的事。我們公司著名的學姐學妹制、面試時的鄉野傳奇、淨想嫁給有錢人當少奶奶的虛榮心態、與友航相比不能說的自卑心思……。寫是向外控訴，但也有種發毛的興奮隨之而來，像幹一件大壞事時要命的罪惡感；但再細細分辨，淘金一般揀出自詡為民喉舌中的那份自以為，問現在因為賴著不走熬到了副座艙長的我有沒有享受一些學姐特權、有沒有想當董事長夫人想到心都痛了……，而我卻是有的。這些惡與罪，可以推給更模糊的人性如此，我可以躲在記錄的位置，太史公情願受宮刑這樣似是犧牲的不關我事，清高的做一個還能寫出一本書的空服員（但這種空服員現在好多，也不太特別了）。

然後我才明白，要想寫出漂亮的字，除了筆尖必得削尖以外，還得時時向著自己，才能筆觸份際分明；然後我也才了解，執起筆來就像拿起全知的自己，其實有多麼無知與不明事理，所有的嘲弄貶抑必須先拿來刷洗自己一番，經歷雙氧水刷洗傷口的殺菌刺痛，才能說自己真正乾淨了、真正懂得了。

而拿筆的我，僅只能算是拿起了雙氧水，還不敢真正傾倒在自個身上。

來說我現在的狀態好了，現在的我在加拿大溫哥華度假。因為一個意外的長班待命被抓飛了澳洲布里斯本四天班（雖說是四天班，但扣頭扣尾只在當地待差不多約三十六小時左右），洗去了原先長班待命後的一串短班不說，還多贈送了長班回來必要的休假，加上原本的排休恰好連成一氣，我再想辦法與人調班、申請一天年假，湊成了完整的八天，十分便宜的員工機票一開，就飛過來找我住在當地的高中同學敘舊，順便抓著冬季的尾巴滑雪。這樣的好事的確是我的職業特有的利多，無可否認地令我享受著北方大地的寒冷乾燥綜合暖暖春陽，前一腳還先至南半球沾了一點日光滿地。

這樣的我還有什麼好抱怨的呢？是人天生就犯賤不知足，還是這本就是作為一個人該享有的？我滿腔的熱血想戰勝不公不義之餘，卻發覺自己可能正站在令世間不公平的那一端。

當然我的職業也有許多辛苦之處，無止盡的調時差、無止盡的化妝、無止盡的錯過親朋好友的聚會。但若更願意去溫柔尋想，會發覺更苦、更難的遍地開花，尤其在看過作者林立青書寫的《做工的人》之後，自己似乎沒臉再說，所謂戳破粉紅泡泡的表現實在是吹出一個更大、更粉紅的泡泡，教人覺得我們辛苦，才更顯值得珍惜。

那為什麼還要說？

我脆弱而顫顫地舉起手，在寫完整本書後才想出一個或許不是結論的答案。

如果連我們都不說，世間有沒有可能就被僵化，再也沒有變革的可能？那更苦、更難的，是否永世不得翻身？

我想起我看過的一個美國實境秀。同事A和公司全體員工於週末參加了一場親自捐送物資給無家可歸之人的慈善活動，在隔週上班時向唯一沒去的同事B闡述自己受到這個活動多大的震動、覺得心靈如何被滌洗、能夠待在一間重視慈善的公司何其幸運。並巧言譏諷週末花三百元美金參加音樂祭的同事B應該將錢花在更有意義的事物上，例如：捐贈物資給窮苦的人。

同事B旋即解釋起來這個音樂祭對她而言的意義如何，雖比不上做公益慈善，但也是她期待許久亦能感受生命的什麼被改變的一場活動。

同事A只是露出有些高人一等的微笑，well well well 地輕巧反駁。

同事B終於被激怒，一時語塞但終究想到了什麼，回道："How much is your dress?"

"Well, around 300 dollars."

同事A驚覺掉入陷阱，聲音越來越小，氣焰與微笑也逐漸僵硬起來。

"That's it." 同事B最後說，轉返身回到案頭，結束了這幕鏡頭。

That's it.

那便是我刺與痛的所在。

小時候我總以為能寫完一本書的人，定是參透了什麼真理的聰慧之人，長大後我知道不一定，文字也有可能是虛妄與愚昧的載體。被虛妄與愚昧餵養的人，看再多也一樣是虛妄與愚昧。

當我終於也寫完了一本書，我更明白能觸碰到真理是一件微乎其微的事。像是叫老闆不要賺那麼多錢，要把錢拿出來做善事、給員工，可是空服員還是想嫁老闆，變成老闆娘以後下人的事便不關我的事。

想到想當董事長夫人想到我心痛的自己，我不禁虛妄地笑了。這一瞬是我唯一清明的時刻。

我希望這本愚昧之書能盡可能地帶你看清空服員這個職業的真實、這間公司的真實、這個社會某一個角落的真實。

我情願相信諸位皆是清明之人，能在閱讀過後以你們心頭的什麼，帶領我脫離無知混沌之域。

# 菜一〇

我很喜歡問第一次一起飛的學妹：「妳以前大學讀什麼？妳喜歡做什麼？為什麼來當空服員？」除了因為這是很好的破冰話題以外，更甚一層的情緒是，我希望能藉由別人的理由，來看清自己的目的。

其實當空服員從來就不是我的夢想，是我朋友的。具體來說我也從來沒有認真思考過關於「夢想」是什麼這件事情。年輕的時候覺得，只要可以談場戀愛和男友恩恩愛愛白頭到老、可以肆無忌憚消費青春，就可以如此猥瑣的繼續蠶食生命下去。然而一轉眼，青春在我身上已像斑駁的紅漆，怵目驚心的一點紅，宣告曾經的輝煌，我死守著，也在緊緊抓牢的過程中更快凋零。

看著每年大批進貢的鮮活肉體，穿上制服、梳高髮髻，我們的生命一同在密閉的機艙中瞬間凍齡。有時，我們趾高氣昂，要求客人做出符合FAA（Federal Aviation Administration，美國聯邦航空總署，世界上主要的航空器適航證頒發者）安全規範的指示：繫緊安全帶、行李收進前方座椅下、移除耳機；有時，我們嬌俏可愛，詢問客人可否改吃魚配馬鈴薯呢（因為雞肉飯發完了）。我們是千面女郎，擁有萬千風情，在客艙走道上大放異彩。

可是，下了機之後呢？

少了加壓密封的環境，我似乎也瞬間洩氣。我跑著追逐公車、搶搭末班捷運，皮耶的玫瑰可頌在巴黎吃才有香氣、迪士尼的夢幻童趣也收不進行李。所以我不停問著一個個新來的人，我會因為她們和我一樣對具體答案的茫然而感到安心。我們不過是一株水草，在茫茫人海中飄行，即便空虛也是群體性的。我很怕聽到有人告訴我，她的夢想就是當一名空服員，她在千篇一律的服務流程當中、在學姐嚴厲的指導當中、在客人無限的特殊要求當中，還是輩感挑戰的愉悅、完成自我實現，那會讓我覺得自己很可恥，似乎剽竊了別人的夢想。

不過，幸好沒有。從來沒有人堅決地向我說出這就是她畢生的志業，似乎每個人都跟我一樣，是陪朋友來考，但朋友落榜，自己卻莫名奇妙考上；或是在謙虛、在客套，畢竟年紀輕輕就完成夢想實在值得炫耀；不論如何，幸好我們都只是水草，不是打不倒的勇者，人生比較像是一連串的機遇，我們真正能夠選擇的很少。

在我當空服員之前，出國的經驗不多，對這個職業的印象跟多數人一樣，停留在民國五〇年代，好像要當空服員就要先去選中國小姐，對其長相身材都有嚴格限制、外語能力非凡、月入數十萬、輕輕鬆鬆每月出國玩。這對沒有夢想的人來說，實在是很棒的職業選項，更不用說我如何著迷於考上之後外人對我的評價會如何躍進，而我想這是多數人來報考這個職業的原因。

我們往往錯把旁人欣羨的目光當作生活的目標，這種心態簡而言之叫做「光環」。我沒有什麼遠大的夢想，剛好這個光環又太耀眼，所以我來當了空服員。

受訓第一天，我就遲到了。

當我急急忙忙搭著計程車從台北一路坐到南崁我們公司的訓練大樓，心急得像熱鍋上的螞蟻，深怕自己會就這樣直接被刷下來，連受訓的機會也沒有。畢竟運輸產業最重視準時性，像我這麼瞎受訓第一天就遲到，直接被刷掉也是極有可能。

不知是試務人員佛心來著，還是我考上的那年（二〇一〇年）剛好遇上兩岸直航開放，航空需求量大增，相對人員需求量也擴大，所以對我出格的行為寬容。當我趕到公司，所有和我同梯受訓的女孩們皆已白衣黑裙整齊排成幾路縱隊，依序領取受訓物品。

不同於國內另一間國際航空公司的受訓方式，我的公司在受訓期間要求所有訓練生必須統一住宿在訓練大樓，週末才能回家省親，不過週日晚上就必須回宿舍報到。我那梯次的空服員是在美國九一一恐怖攻擊事件及SARS接連襲擊造成航空業不景氣，後又因應兩岸直航航線擴大以來的第一次大招。在二〇〇九年，我的公司甚至沒有招收任何空服員。二〇〇二年裁員；二〇〇八年還曾發生招考了空服員，卻無預警要求全體退訓，最後是由訓練生家長們與公司對簿公堂，才爭取到她們受訓上線飛行的權利（辛苦了〇八期的學姐們）。

因此，巧好站在二〇一〇年這個航空業復甦突破隘口的我們，成了這間以傳統軍事化管理聞名的公司，久旱逢甘霖般的首批菜鳥。學姐們甚至在我們上線前就替我們取好了一個調侃意味深濃的綽號：菜一〇。

在套量完制服尺寸、領完所有配備、受訓課本後，一個早上也晃過去了。看著眼前沉甸甸如幾塊磚頭般厚實方正的書籍，我突然有點恍惚，我應該是來當空服員的，不是來重考大學的吧？

我想像中的受訓畫面是這樣的：每天早起頭頂一本書繞教室走十圈，若掉落，加罰一圈；專業彩妝團隊指導如何完美呈現機上妝容，當然也有專業造型團隊會依妳的氣質、臉型教導如何綁出最適合的盤髮。在指導過程中，面前會是好萊塢明星御用的那種周圍一圈明亮圓燈泡的大鏡子；如何優雅地說「歡迎登機」、「謝謝搭乘」、發餐、倒飲料的訓練……。每天晚上大家會像是夏令營姐妹會一樣團聚在一起聊聊各自的男友、八卦，互相保養指甲，增進情誼。

結果，不是。完全不是。

我想像中的畫面大約在整個實際受訓過程中完成百分之十而已，而且還沒有專業彩妝團隊跟專業造型團隊，更沒有好萊塢明星御用的那種圓燈泡大鏡子。

受訓生活基本像是高三考生的借屍還魂。白天上課、晚上苦讀自習，期間大考小考不斷，念到兩、三點是家常便飯。剛剛大學畢業，還無法習慣每天化大濃妝、梳包頭的技巧尚不純熟的我們，往往六點就要起床裝扮妝容，才來得及七點吃早餐，八點前到教室就座開始上課。隨時都有失去訓練資格的恐怖氛圍縈繞在我們呼吸的每一口空氣中，只不過這段期間短一點，只有三個月；結束之後，除了上線飛行，也順勢在人生下錨，能得到一個很明確的方案。

我們整天抱著書本背誦艙門的操作方式、逃生筏上的器具、機上醫療用品的擺放位置、聽到什麼樣的聲響代表什麼意思……，很像相親之前一一細數對方的個性、家世、興趣。完成訓練的我們，在一場充滿感動與淚水的畢業典禮中，讓授課的教官替我們在制服上別上代表擁有空中飛行資格的金色翅膀，就這麼出嫁了。

但即便我看過多少關於未來丈夫的相關資料，強背過所有他的喜好，沒有實際相處過，我對飛機上的一切還是一頭霧水。再加上我的公司向來以嚴厲的「學姐學妹制」聞名於世，如沙漠中突然降下一場大雨的我們，自然成為所有學姐們不二的「目標」。所有曾在宮鬥劇中看過的情節，重新包裝在飛機中上演。

在訓練課程的尾聲，所有的訓練生會被安排去見習一場簡報。

每次飛行之前，我們會在航機起飛前兩個小時至公司報到，換制服、綁頭髮、整理行李，最重要的是，我們會拿到一張 flight memo，上頭記載著關於這趟航班的飛航資訊、乘客人數，連幾個小孩、幾部輪椅、幾份特別餐都會寫在上頭。整理好上班的妝容，拿著這張 flight memo 進入簡報室。簡報室中有一張長方形的大桌子，上頭畫著一架飛機的橫切剖面簡圖。由於每種機型的內裝配置不同，而一個空服員至多可以擁有飛行四種機型的資格，身為最小的菜鳥，在每次簡報前，必須比其他學姐們更早進入簡報室，用桌上約五十元硬幣大小的各式緊急用品小磁鐵，如氧氣瓶（以防有客人在機上突感不適，需要吸入新鮮氧氣）、海龍滅火器、防煙面罩、醫療用品盒、擴音麥克風（逃生時指揮乘客使用）……，按照當天所飛機型的實際配置，擺放在與桌同大的飛機簡圖上。若當天飛行的是需過夜的航班，盯睛一點的菜鳥們，還會幫忙拿好目的地國的入境表格，並替學姐們填寫個資以外的基本訊息，比如我們下榻的飯店地址、停留天數、出入境日期……。

這些其實都是個人自行負責的工作。每個人進入簡報室後，按自己所坐的位子排自己負責區域的緊急用品小磁鐵、填自己的入境表格。但在三個月的訓練過程中，除了努力將飛機相關知識烙印進腦海，我們耳濡目染被浸淫最深的是一種「態度」，對上位者的絕對服從、對所有規範制度的甘心接受、服務不只是對乘客，乃及所能接觸到的所有比妳「資深」的人，都要樂於犧牲奉獻。

所以菜鳥們為了博取學姐關愛，會默默扛下這些「小事」。不過近年我的公司力求轉型、亟欲與國際接軌，營造優良企業形象，已經「明文規定」，取消了菜鳥們需要替學姐們填寫入境表格這件事。個人主義浪潮似乎漸漸沖淡了儒家思想的遺毒。不過連這種事都需要發公告「周知」，只能說孔老夫子厲害；孔融才讓了一個梨就被台灣企業無限延伸，在上下從屬關係中出讓自己一小片靈魂，還裝作心甘情願的。我甚至聽說某期的新進訓練生們，因為在訓練大樓遇見公司高層卻不知對方身分，沒有好好「打招呼」，在往後的訓練課程上，就加入了介紹公司高層的內容，每天早上正式開始課程之前，先在大螢幕上放上公司重要大頭的照片，簡介對方身分，期勉大家能以正確的頭銜，尊稱招呼對方。

我覺得很奇怪。我是說，敬老尊賢的確是值得宣揚的美德，但若這種情操需要用政令宣導的方式來執行，它便稱不上是美、也稱不上是德。被正確稱呼的經理、主任、課長、副理……，也不值得為此感到驕傲。會在意這種事的人，我想也非真正賢者。我們敬的，頂多是「老」而已。

我想我進入的從來不是職場、不是社會，那是脫下制服後才在周身幽幽升起的一股氛圍。我闖過了高三考生生涯，以為從此海闊天空，人生竟下錨在另一所更嚴格的學園。

我去見習的那場簡報，在我們全班同學進入簡報室前，早有其他已在線上飛的菜鳥學姐排好小磁鐵，所有人就著自己的職級、服務艙等，坐好該坐的位置。然後由坐在正中主位的座艙長和大家的自我介紹開始，拉開序幕。

在飛行組員輪流簡單自我介紹（我是坐什麼位置的某某，大家早安、午安或晚安。若是非常新的菜鳥，會在自介過後告訴大家這是她飛行的第幾趟，請學姐們多多指教）過後，組員們會和對門的組員進行 staff area check。在機艙中，面對機頭的左側為 L side，右側為 R side，依據飛機大小不同，兩側會相對配置不同數量的艙門。我所擁有資格的四種機型（Boeing 747、Boeing 777、Airbus 330、Airbus 321）當中，一側至少四個門、至多五個門，所以代表這架飛機總共有八個門或十個門。比較特別的是波音七四七機型，因為機艙有上下兩層，在一樓 Main Deck 共有十個門，而二樓 Upper Deck 空間較小，就是七四七的天靈蓋上突出的那一塊，只有左右兩側各一個門，共兩個門，所以上下兩層加起來共有十二個艙門。

每個艙門邊都會至少配置一個空服員座椅，目的在緊急逃生時，空服員能以最快速度操作機艙門，供乘客逃生。而所謂 staff area，就是由空服員所坐的位置，分左右兩側，往前或往後平均劃分出一個負責區塊。在此區塊中，小至一個閱讀燈泡，大至一整間廁所，以及分佈在此區塊中的所有用品，都是該空服員需負責管理、檢查。執行staff area check時，需要一邊指著桌上的飛機簡圖，搭配排好的小磁鐵，一邊唸出自己負責的區塊內容、物品名稱。最後再報出在緊急降落時，需帶自己區域裡的什麼用品下機。

執行完staff area check，檢查完護照、員工證件、妝容服儀後，便會開始複習與安全相關的問題及服務流程。我的公司自成立以來，從未發生過有人員傷亡的重大飛安事故，有很大一部分的原因我認為必須歸功於這種一絲不苟、吹毛求疵，甚至「被害妄想」中。從前，我剛上線那陣，在簡報上複習的問題是沒有範圍的，一整本像辭海一樣厚重而且全英文的handbook（我們暱稱為手書），學姐想問什麼就問什麼。最常被問到的基本問題有一般或緊急開關門程序、滅火器使用方式、機上所有醫療用品數量及擺放位置、客艙失壓時會出現什麼徵兆、陸上或水上迫降前的客艙準備（四大步驟）、救生艇承載人數（每種機型的每個門所附帶的救生艇能乘載人數皆不同，要詳細背出）、氧氣瓶的檢查流程、隨意提出三樣在海上漂流時能給搜救人員提示所在位置的物品（鏡子、螢光棒、海水染色劑）、乘客在廁所抽菸的處理方式、電子用品使用規定、與坐在逃生出口邊乘客的簡報內容、廢棄醫療針頭處理方式、航機受到炸彈威脅時的搜索流程、遇到劫機事件與駕駛艙的溝通……。

上述所提只是冰山一角。我聽說過最難也奇特的問題是：「若緊急水上迫降時，漂流在海上不幸遇見鯊魚該如何處理？」傳聞創造出這題的是公司一位傳奇座艙長，人人聞風喪膽，以疾言厲色聞名於我的公司，造就航班最高缺員紀錄，因為學妹們只要打開班表看到當趟座艙長是她，就會因為心理壓力過大而請假。

有位學妹告訴我，某日某學姐在公司待命時被抓飛傳奇的航班。一進簡報室看見座艙長是她，馬上說護照忘在更衣室，要回去拿。傳奇說了好，學姐返身去取。沒想到，三分鐘過去、五分鐘過去、十分鐘也過去，該學姐都沒有再回到簡報室。

「哇靠，結果是鬼故事嗎？學姐在更衣室消失了！」我急忙問學妹。

「是鬼故事沒錯啊。最後調派只好直接把鬼本人換掉，那趟航班才有足夠的人力飛出去。」學妹莞然一笑。

但上有政策下有對策，為了因應各個學姐問不同的問題、不同的處事風格，學妹們也發展出一套「學姐攻略」，由各個願意以神農嚐百草之心以身試法，又慈悲心腸願意救人一命勝造七級浮屠的學妹們依照自己的親身經歷，編纂出一套各學姐的愛問問題、品德脾性、注意事項全集，在各年度新進空服員間流傳。一開始是在筆記本上手寫，再以傳統抄寫或影印方式流傳；現在已經全面電子化，Excel 建檔，存放於手機。

不過後來公司為了減輕大家在簡報時的壓力，乾脆每月公布簡報複習題庫，座艙長們只能從題庫中選擇問題來問，也便於學妹們複習，不再惶惶不知終日。

聽說鯊魚那題的答案是：「攻擊鯊魚的眼睛，因為那是牠最脆弱的部位。」我只能說空服員真是全世界最困難的職業，我不單要發餐、發飲料、發入境申告表，救火、救客人、救失能的機長，還要可以跟鯊魚在海中搏鬥，是說，我連自由式換氣都換到會氣喘了，要如何打贏鯊魚呢？

不過見習場的簡報為使流程更為順暢，也為讓新進學員留下良好印象，通常座艙長在得知今日的簡報要被見習後，就會先行「洩題」，分發各人回答的問題，讓大家可以先查好答案，做好心理準備，不讓場面可能會因為有人回答不出來而太過尷尬。在大家都依序回答完問題後，不知是當趟座艙長沒有先和組員套好招，還是她純粹心血來潮，突然又多問了一個當時剛改制的小問題，和安全無關，是關於販售機上免稅品時的員工折扣。這位小學姐（會賣免稅品的通常都是機上期別最小的）在前述問題的表現上已經相當完美，卻臨門一腳被問了這題，一時慌張答不出來。在氣氛稍稍緊繃的這刻，我的同期同學崔西，居然勇敢的舉起了手，代替這位小學姐回答出正解。身為同學的大家莫不雞犬升天，輩感光榮。

此時，坐在機身左側二號門位置的大學姐，突然拿起筆在她面前的 flight memo 上不知寫了什麼，寫完後，有些刻意地重重摔下手中的筆，似是怕人不知道。我站的位置較遠，看不清楚她在紙上寫了什麼，不過我卻看見了她示威般輕蔑的笑容，嘴角只朝一邊彎起，眼神不懷好意。

見習簡報結束後，恰好站在那位大學姐身後的崔西，在我們從運航大樓走回訓練中心的路上，悄悄告訴大家，大學姐寫的，是「菜一〇」三個字。

這是我第一次深刻體會到，原來「菜」就是一種原罪。而我從前聽說過關於這間公司的種種都市傳說，似乎不容我小覷。

# 實習生

從訓練中心畢業以後，除了在制服外套左側別上金色的翅膀，我們還要在制服外套的右側，再別上一塊寫著「實習生」三字的淺綠色牌子，標示我們菜鳥的身分，並且進行三趟簡稱為OJT（on job training）的在職訓練，實際上線了解飛行流程。並一人配有一位線上學姐擔任Advisor，在航程中進行指導。

我還記得我OJT的是兩趟當天來回的日本航班，跟一趟長程的維也納。

很多人都會誤以為所有的空服員不管飛到哪一個國家都可以下機過夜休息，在當地玩樂幾天再飛回來，甚至連已經進入航空公司受訓的我，都存有這種美麗的誤會。所以在第一次興奮地從公司網站打開班表之際，看見兩趟來回的日本班班號竟是放在一天之中，我又再度對著電腦螢幕扶額恍惚了一次，心想：老娘那麼辛苦地闖過了這三個月生不如死的訓練，還沒有人幫我化妝綁頭髮，自己清早起床打理一切，竟連一個日本都去不了嗎？

在我的想像當中，每個空服員應該都能申請一種特殊的工作假期，就是當我飛到一個國家以後，如果想要深度遊覽，我只要申請了這個「我想像中」的工作假期，我就可以以空服員的身分工作飛過去，然後在當地放假開始玩樂。直到我想回來的時候，再在機場和其他機組人員會合，換上制服以空服員的身分飛回來。完全沒有考慮到航班的調度（很多國家不是每天都有航班飛過去的，更遑論有些地方還只是中轉站，不是最後定點），和人力的派遣（要是大家都邊工作邊放假了，要怎麼確保每個航班都有足夠的人力服勤）。

不過某些國家因為飛行時間過長，如果飛到當地沒有讓我們休息，便會超出勞基法規定的工時，所以雇主（航空公司），有責任要替我們在當地安排接車、休息場所，並依飛行時間長短，來規定在當地最低休息的時間，簡單來說，單趟超過三個半小時的航線，都至少需要讓空服員休息滿十二至二十四小時，才能接飛回程航班，因為我們在飛機起飛前兩個小時就要到公司報到；而飛機降落後我們還得送客，做乘客下機後的安全檢查（以防有人留了炸彈在飛機上，或純粹忘了拿他的飛行枕）。以一個單趟約三個半小時的台北曼谷航班為例，我們的總工時就是：2＋3.5＋1＝6.5個小時，若當天還要直接接飛回程曼谷台北，便是6.5＋3.5＋1＝11個小時，超過勞基法規定的八個小時工作上限，所以從台北飛到曼谷後，雇主必須讓我們至當地休息至少十二小時才能接飛回程航班。

但因為每個地點不一定是天天都有航班出發，也許飛到了當地，休息滿最低休時後，依舊沒有回程的班機，這時空服員們就可以一路待到有下一班飛機來時再回去，而這就是所謂的爽班。

我進公司以來聽說過最爽的班是夏威夷七天班，就是扣頭扣尾的實際工作時間，我們可以在當地待三至四天，而且還帶每日日支津貼和公司出錢的飯店。不過我們公司現已停飛夏威夷，這個爽班也就跟著消失；而我自己飛過最好的班是澳洲布里斯本七天班和巴黎六天班。我剛好有位小學同學住在墨爾本，所以我飛到布里斯本後，又買了澳洲航空的員工折扣機票飛到墨爾本去找她；飛巴黎六天班時，則是和其他同事一起租車開往位於北法的聖米歇爾、走過歷史著名的那片諾曼第大登陸海灘。

但因應布里斯本及巴黎的增班，這兩個爽班也已長久不見了。除非偶爾因為載客量不足或各種因素減班（飛機遭雷擊需在當地維修、當地發生恐怖攻擊事件或大規模天災，機場關閉……），才會以迅雷不及掩耳的速度曇花一現。

不過各種非預期的滯留都是令人痛苦煩悶的。

我也是在當了空服員之後才發覺其實我們不見得每個月都想出國去玩。曾經聽經歷過九一一恐怖攻擊事件的學姐說道，當時她正好因為工作關係人在紐約，不過只能待在飯店，哪都去不了，因為整個紐約的天空都被黑煙籠罩，大家人心惶惶，一時會有種世界末日降臨的錯覺。而且機場關閉，雖然因此留在紐約長達九天之久，卻無時無刻不掛念在台灣的家人朋友，尤其在這種時刻，那麼可怕的事情就在離自己這麼近的地方上演著，更期望可以和最親愛的人在一起。

還曾聽聞一位飛北海道的學妹說，有一年冬天北海道連日大雪，他們飛到札幌過夜後，第二天到了機場準備離開時，跑道卻封閉，所有飛機不得起降。由於天候因素無法預期控制，他們只能和旅客一同在機場候機室等待茫茫大雪能有一刻停止落下。沒想到就這麼一連等了三天。每天化好妝綁好頭髮從飯店出發到機場，一坐八小時，坐到再坐下去即超時工作就返回飯店，日復一日。銀白的雪國雖令身處副熱帶的我們充滿幻想，卻也忘了物極必反，白色可以是純真、是潔淨，亦可以是空茫、是虛無。

「可是客人比我們可憐。」學妹又道，語氣充滿不捨。

「怎麼說？」我忙追問。

「我們每天等到不能再等了還能回飯店休息，可是客人就一直在機場，不能出境，也無法入境，就在候機室裡吃喝拉撒整整三天。」學妹答。

「那他們也沒地方睡覺嗎？」

「就直接睡在地上啊。到了那種時候，大家只想回家，也不會太在乎什麼了，對我們反而也變得友善，因為他們知道我們也想回家。」學妹回。

學妹的話讓我想起自己也曾經歷過的一次非預期滯留，是在北京。

飛到首都國際機場後，突然下了一場大雷雨，機場臨時關閉，而此刻我們除了已經送完所有至北京的乘客，還已迎完所有回台灣的旅客上機，卻只能和客人一起在飛機上空等。由於等待時間過長，為免乘客久候肚子餓，座艙長下令地面做餐。我們就在起飛前為乘客準備餐點服務。然而，即使已經完成餐點服務，飛機卻還是無法起飛。最後還是等到機長要超時了（機師保障休時的算法與空服員不同），才讓所有登機旅客辦理退關手續，由公司安排接車及飯店，帶所有人去休息。抵達飯店，已是凌晨四點。

由於我們有最低保障休時的緣故，第二天下午四點以後才能開始工作。不過那也不代表我們就能一路睡到下午四點，而僅代表下午四點就可以起飛。所以我們的接車下午兩點就來了，在那之前我們還得化妝、換制服，最晚下午一點就要起床。

抵達機場後，雖然天氣已經大好，所有航機可以正常起降，但還需消化前一天因天氣因素無法起降的所有航班，所以機場十分繁忙。由於一般旅客的通關手續較機組人員繁瑣，所以旅客比我們還早抵達候機室。一見我們進來，我就發覺旅客們的神情有異，甚至有人零星拍起手來，諷刺我們的姍姍來遲。向地勤人員探問之下才知道，原來旅客抵達機場後，發覺其他公司的飛機都陸續起飛，疑惑為何我們的飛機還不能離開。地勤不疑有他，直接回答因為要等候機組人員休息滿保障休時，才能起飛。不料卻招來旅客怨恨，認為是因為我們養尊處優，才讓他們無法即刻啟程。

等候了一天一夜，再加上這種無法被理解的認知差異（旅客認為我們都該隨時待命，機場一開放就能上機工作，不用休息也沒關係），待旅客上機後，我們非但要承擔他們因行程延宕而產生的怒氣，還得成為這股怒氣發洩的眾矢之的，那趟航班之慘烈可想而知。

雖然無法過境日本，但能正式穿著制服走在機場、能真正上機服務人群，還是挺讓人開心的。我們在地面受訓時，所有的訓練百分之八十都是和「安全」有關，緊急逃生程序、滅火程序、機艙失壓處理、可疑爆裂物處理……，真正可以裝作我們刻板印象中那個「假掰」樣子的機會很少，而會來當空服員的我們，嚮往的也大多是那個樣子的空服員，絕不是扯著嗓子大喊：「Bent over! Hold your legs! 彎下身！抱住腿！」最後抱著氧氣瓶、通信發報器……，甚至是無法動彈的乘客滑下逃生滑梯的那種空服員。

或許是因為興奮、或許是因為緊張，實習前一晚我整夜不得眠。可是我不能打電話給我當時心裡在意的那個人，排解一絲情緒，就像我和他的關係從來都是屬於甘願的被動一樣。我翻來覆去渾身均勻沾滿了清醒的知覺，終於浸淫了一絲睡意，可是天也亮了，我和他的關係還在混沌曖昧，我的挑戰卻昭然若揭。

在公司更衣室換上制服、綁好頭髮，我和另一位一起實習同趟航班的同學妮基一同進入簡報室，各自坐在自己的 Advisor 身側。如同之前曾經見習過的簡報一般，在各自自我介紹、檢查證件、服儀、妝容過後，座艙長便開始執行簡報時最重要的重頭戲：問問題。

那趟座艙長為人不算刁難，這種學姐我們大多會美稱為「天使」，問我們的問題算是基本，剛從訓練中心出來，記憶力猶新的我們，還勉強回答得出來。

我從來都不是特別用功認真的那種孩子，不論是漫長而短暫的求學時代，亦或是短暫而漫長為了進入職場所受的訓練時期。我總是在及格邊緣、得過且過。這個時候的我除了心裡在意的那個人以外，不知道什麼才是人生中最重要的。當我結結巴巴靠著天生的一點小聰明和上天賞賜的一點僥倖撐過整場簡報，我已冷汗直冒、腋下全濕在不透氣的深色制服上。幸虧制服顏色深，看不出來，一如我靦腆乖巧的臉容，看不出我心裡的不求甚解、不思進取。我不知道為什麼我要受這些奇怪的考驗，雖然安全很重要，作為空服員的使命就是安全地將所有乘客從甲地送到乙地，可是這真的是我想要的嗎？誰又在意我心裡真正想要的是什麼？

強忍著生理和心理的不適，尷尬萬分的請求學姐讓我去廁所吐了兩次，身心皆半懸在空中，還來不及好好思考自己為什麼會坐在這裡，身上還綁著兩條帶子，我已被接踵而來的各項挑戰淹沒。

在我們接受他人的服務的時候，其實很少會去思考為什麼會有這些便利如魔法般產生，好像就是有錢能使鬼推磨一樣，因為鈔票的魔法驅使，這些「享受」應運而生。我第一次上機，從行李箱裡拿出黑色平底皮鞋換上的時候才知道，原來空服員不是一直穿著高跟鞋工作的，她們在飛機上會換上更便於行走的平底鞋來進行服務，可是誰又曾低頭看看她們腳上的一雙鞋子。

換好鞋子，放置好行李，我們首先要檢查機上所有與安全相關的物品是否有依照標準規格放置、有無過期、短缺零件，每個人要檢查的東西就是分屬在自己 staff check area 的所有物品。檢查完後，每個人依照當日被分配到的職掌進行工作。被分配到負責廚房的人，我們稱作「Galley」，會旋即開始檢查由航空餐廚公司上在廚房烤箱裡的餐點。一個烤箱最多可以放置三十二個餐盒；而一台我們拉出來發餐的餐車，最多可以放置四十二個餐盤。若此航線開放兩種餐點選擇，還要檢查兩種餐點數量相加是否與今日預計人數相符，原先就放在餐車中的餐盤數量總數也要清點。若有客人點選特別餐，如素食餐、水果餐、不吃牛肉餐、猶太教餐……，還要依據點選旅客的名單清算數量是否相同，與一般餐點分開計算。而特別餐的餐盤和一般餐的餐盤，甚至連食用的麵包、奶油都不一樣，也要特別注意。

有些航線如港澳，由於飛行時間過短，會在地面客人尚在登機時就進行「塞餐」

的動作，也就是將烤箱中的餐盒依序置入餐車中的餐盤上。因為在烤箱中的餐盒是以冷凍的形式上上來的，若是需要在地面塞餐時，熟練的 Galley 會在一上機就抓準時間趕緊開啟烤箱熱餐，並且在烤箱運作的同時邊清點數量，以免無法趕在客人上機前將餐點熱完。一般餐點加熱的時間大約需要二十八分鐘。

負責販售機內免稅商品的組員，則在此刻完成機上所有免稅商品的清點。一本免稅商品雜誌，就算所有商品都只有一個，少說也有三、五百樣東西，每一個都要清點清楚，才能進行販賣。

其他人則進行服務備品數量檢查及準備動作。比如說將常用到的物品，如我們用於運送物品給客人的大小托盤、為免餐盒外包鋁箔紙破損而多準備的鋁箔紙卷、販售免稅品使用的購物袋、發給機上小朋友的小玩具……，一個個從機上專門置放物品的正方形鐵箱子裡拿出來放在我們方便取用的地方。

飛機上使用這種可以拆卸下機的正方形鐵箱放置物品是因為，每趟航班需要使用到的物品雖然大同小異，但即使是免洗筷、單包裝茶包這種即使是久置也無妨的物品，在每次航機飛回 Home Base 後，也要重新整理清點更換，才能供新的班機使用。每個箱子在每架飛機裡放置的位置和內容物皆固定，即便是不同機型也會盡量按照一個順序排列，方便空服員記憶拿取。

每個艙等的督導除了監督底下組員的進度，自己更要負責機上所有飲品：紅酒、白酒、可樂、汽水、各式果汁的清點及冷藏動作，還要擺放報紙、注意自己負責艙等所有被預告功能不正常的物品是否已經修復（大多是閱讀燈、機上娛樂系統、座椅無法傾倒一類的問題），若無法修復則通告座艙長聯絡地勤人員停止販賣該座位，或先行告知該座位乘客有此問題。

一般地面準備時間是半個小時，但常常會因為前班來機晚到而被壓縮工作時間。不只我們，負責整理航機的清勤人員、負責準備機上餐點及備品的餐勤及物配人員、負責維修飛機的機務人員，通通會在這短短半小時內擠在飛機上進行各自的工作。待到一切就緒，他們便會由空橋旁的小門，或供方便直接上餐及備品迅速而特別設計、後方儲物車廂可上下升降的餐車魔法般撤離，留下空服員們趕緊擦擦額際的汗，再補上口紅，笑靨如花迎接上機的客人。

這些，都是我在地面受訓時從不知道的。

我像個傻子一樣跟著我的指導學姐滿機艙東奔西跑，一邊聽她快速講述要做什麼、為什麼要這麼做，上氣不接下氣，因為她不但要告訴我所有人在做什麼、還要一邊完成她自己負責的工作。

雖然「安全」才是運輸事業中最重要的核心價值，我在地面受訓的三個月也不斷地在進行這方面知識的強記。可是我們都忘了，在飛機沒有發生意外之前，大家只記得我們是空「服」員，我們提供的服務變相成為我們最重要的價值，因為我們很安全。

我在慌亂中揚起一絲微笑迎接第一個迎面而來的客人，心還在怦怦跳著，而這只是開始，我現在才要開始學習如何成為一個空「服」員，無關地面那些人命關天的教條。心裡所有凌亂的思緒，也在人潮中漸漸被擠兌到心裡最角落的位子，難以憶起。

我非常幸運，兩趟實習日本班的指導學姐是一位天使，但她不是一般印象中溫柔婉約、和藹可親，嘴角永遠帶著一朵微笑的那種樣子。相反地，初次見她，我反而覺得她有一股殺氣，流瀉自她圓圓的臉、圓圓的眼睛。

不過才上機工作沒多久我便明白，她的殺氣是對事不對人的那種。雖然總是腳步雄健、大步流星穿梭在機艙各處，講話也率直不加修飾，卻也沒有一點傷人的玻璃碎片散落其中，反倒令人暢快。但當客人一上機，她又變幻出一種親切的氣質，圓圓的眼沒有肅殺之意，圓圓的臉盛滿服務的熱忱。

在地面受訓的尾聲，我們才開始進行服務訓練，在虛擬的機艙中練習如何設置 Cart Top，也就是如何擺放飲料及要擺放什麼飲料在餐車上；小心翼翼地拉著餐車至客艙中詢問並發送餐盤給由其他同學扮演的虛擬客人。在虛擬的服務流程中，一個人僅需要服務三至四位客人，不是五十甚至上百位；發的餐食不論是雞肉配馬鈴薯或豬肉炒麵，都僅是一個空空如也的餐盒，由想像力和戰戰兢兢的考試壓力填滿內容，所以不會有餐發不夠的問題；虛擬客人也非常善良，不會點一些我車子上沒有的飲料，造成我服務上的困難，不過教官會替虛擬客人代點，然後我們就必須拿出預先放置於圍裙口袋內的紙和筆，抄下客人的座位號碼及需求，和虛擬客人燦笑回覆：「好的，我馬上替您準備。」用我平生最諂媚的音調。服務完我畢生最少的客人以後，再將餐車拉回廚房，準備剛剛教官代點的 Special Request，不過也僅需背誦如何準備，比如若客人點的是 Screw Driver，就背出此種調酒的內容物：兩至三顆冰塊、一盎司 Vodka、柳橙汁、裝飾物，然後假裝放在書本大小的小托盤上，配上一張白色四方型的紙巾，送給其實並不想點這杯 Screw Driver 的虛擬客人。

為求服務優雅，也因著我們不純熟的技巧，再加上考試的壓力，我們總是力求越慢越好。但實際上機實習後卻發現，「慢」似乎是一種癡人說夢的冀求與恥辱，即便是對客人極好的我的指導學姐，也總在我們推餐車的過程中，有意、無意地提醒我要「快」一點。

設置一套Cart Top有何難？不過就是把果汁、可樂、汽水、紅白酒放在餐車上。但在考試時我們所有的飲品都是用空瓶填充了水，全放在固定一個地方，要設置時統一拿出即可；但實際在飛機上，所有飲品依照種類不同分散在廚房不同餐車中，而機型不同餐車擺放的位置也不同，即便是同一種機型，也會因為飛的是長程航線或短程航線或極短程航線，再度變換飲料的位置及數量。

問客人要喝什麼再替他倒飲料又有何難？但要在隨時有亂流可能的狹窄機艙走道上，推著一輛比我體重還重的餐車，問五十甚至上百次：「請問想喝點果汁、可樂、汽水、紅白酒、水嗎？我們有柳橙汁、蘋果汁、番茄汁……」，再一手拿著小托盤、一手倒飲料，感覺和開同樂會的時候替同學準備飲品是完全兩碼子事。

這些事情其實不難，經過一段時間的練習與適應以後也很快就熟能生巧，但對首度以「空服員」身分上機的我而言，卻是笨拙與不懂變通的標記。在訓練中心的一切突然如同南柯一夢，虛擬的機艙、虛擬的客人、虛擬的Special Request……其實造不成一個空服員，不過更造成我的無力與緊張。

我們在三趟實習航班中，有一趟必須進入駕駛艙以機師視角看飛機起飛及降落。結束了後艙慌忙的體驗過後，我偷偷將手機塞進制服口袋，和同學妮基一起進入駕駛艙看飛機降落。

「學姐可怕嗎？」大機長轉頭問坐在後頭的我們，語氣中帶有一絲寬慰的揶揄。我和妮基慌忙搖頭表示學姐對我們都很好。機長只是笑笑，又對我們道：「沒關係，在這裡門都鎖起來了，學姐也電不到妳們了，就休息一下吧。」

「那可以拍照嗎？」我突地問道，然後從口袋掏出我的 iPhone 3GS。

「不要讓學姐知道就好。」機長回。

妮基驚喜地看著我的手機，我知道她也跟我一樣很想留下紀念。

看著從四方包裹的藍天白雲、看著越來越近的家鄉、看著淡水河、看著漁人碼頭如樂高一般的大小，我們拍了窗外的景色，也拍了客人眼中的自己。似乎只要有這刻就好了，不管經過多少磨難，只要有這一刻能證明自己還站在這裡就好。我心想。

# 經濟艙的空服員

有驚無險地結束我的三趟實習，我成為一位最基礎的經濟艙空服員，在機上地位大概如同清朝後宮中的一位小答應，位階之低下在機上不論聽到什麼風吹草動，即便是飛機上有蛇，都要燦笑衝出大喊「學姐我來」的時期。

由於我們最小，不管發生什麼事情，學姐們總會替我們機會教育一番，畢竟機上事務繁瑣，還有各種機型、長程、短程、中長程、極短程之分，飛個三趟、五趟實在難以完全參透箇中精妙，即便通過了實習也不代表我們真的完備了所有知識、技巧，頂多是有資格入個門道。

「妳知道如果這個燈亮了代表什麼意思嗎？」、「妳知道如果客人吐了妳可以拿什麼除臭嗎？」、「妳把餐盒放在客人的餐具上他要找不是很麻煩嗎？」、「今天機上才幾個客人，妳帶這麼多杯子在車上幹嘛？」、「髒的餐盤放下面，乾淨的擺上面才衛生。」、「除了客人前方座位椅袋有安全須知卡，哪邊還有？」……層出不窮的種種細節，每每讓我覺得我真是世界上最粗心大意的人。在這種時刻我會突然明白所謂「職業」與「業餘」的分別。這些事情即便再簡單，人人皆做得，許多道理甚至多想深一層就能懂得，然而一旦要變成「專業」，心神的消耗往往令人感嘆不已，而我竟在這條路上邁進。

每次被學姐「教育」的時候，我就覺得自己又離終點遠了一些。

「你們是不是會利用燈光控制客人的情緒啊？」有一回，我和朋友一起搭機旅行時，友人如此問道。

「我們為什麼要控制你們的情緒？」我詫異。

當時正好時值降落期間，客艙燈光調至全暗，僅有指示緊急逃生出口方位的燈光亮起。「妳看，現在快要降落就全暗啦，是不是因為快要降落了你們怕客人情緒太興奮，才要把燈光調暗，希望我們冷靜？」朋友接著問。

我以一種看笑話的態度白了朋友一眼，然後以言情小說中的王爺姿態帥氣回覆：「起飛跟降落時我們會要求客人將遮陽板打開，然後把燈關起來，是因為這樣才能方便我們看清楚外面是不是有什麼異常，比如說引擎起火之類的，如果裡面比外面還亮，就什麼都看不到啦。」

「那為什麼你們飛機上沒芒果汁？人家阿聯酋都有（對不起阿聯酋空服員，我爆你們料了）。」朋友又問。

「每個航空公司的機上裝載配置本來就有所不同，自己公司有什麼就有什麼，沒有規定一定大家都要一樣啊。」我答。

「那以後搭妳飛機可以幫我升等商務艙嗎？」朋友眼睛放光。

「當然不行啊，麻煩你自己多賺點錢好嗎。」

「為什麼，那認識妳有屁用？」朋友氣憤道。

「是沒什麼屁用啦，但我們之間最重要的是友情，不是嗎？」我反問，臉上掛著一副最專業的微笑。

當上正式空服員後，如以上這些各種各樣的問題就時常圍繞（困擾）著我。儘管在機上因為很多事情不懂、做得不夠完美，而時常被學姐電飛，但在機艙外的世界還是莫名地受人尊崇。尤其我又是一畢業就考上空服員的「應屆生」，在平均基本薪資低落的台灣社會，剛出社會能拿到的薪水已經是同學們的兩、三倍，更加令人升起一股欣羨之情。

但這些依舊消弭不了我每次上機前如坐針氈的情緒。

每次飛行之前的簡報是第一關大魔王。整本如磚塊一樣厚的機上指南妳不知道會被抽問到什麼，還有每月更新到不行的各種嶄新公告需要記憶。如：「商務艙新增日本×××高級清酒，嚴選來自富士山流下的高山泉水，百年流傳手作職人工藝打造而成，請組員在服務乘客時，搭配目錄中的插卡特別為乘客介紹」；「經濟艙長程航線點心巧克力派更換為台灣沙琪瑪，由最純淨的台東大地孕育出的池上米製作而成，傳統口味、嶄新包裝，若乘客有疑問，請婉轉致歉並為乘客推薦」；「新春暖心意，故里舊人情，為回饋乘客，將於新年期間發放特製紅包袋予乘客，商務艙共××包、經濟艙共××包，服務手法為商務艙乘客一人一袋，經濟艙乘客若有需要再個別提供，將於二月一號○時開始上線使用，請組員上機時特別注意有無裝載，發完為止。」（上述公告內容為個人憑印象捏造而成，如有雷同，純屬巧合，絕無抄襲）。

上機之後還會因為清點免稅品的動作太慢、打開八個箱子還找不到乘客要的一根吸管（現在市面上有賣很多不鏽鋼的，為了環保、為了您孩子的健康，請自行準備）、服務手法不熟練（我倒一杯飲料的時間，學姐可以倒三杯）、不小心漏發了一排餐點而遭乘客客訴（到現在還是偶爾會發生）、學姐請我去幫忙某件事，但一路上客人特殊需求不斷（一杯可樂去冰、一杯柳橙汁放一顆冰塊就好了、三副撲克牌、兩雙拖鞋）導致學姐交代我做的那件事永遠做不完，因為我分不清楚到底是學姐的需求重要，還是客人的需求重要（現在我知道是學姐的），而被電得淒慘無比。

雖然身為菜鳥學妹總是悲哀無限，但身為青春無限的「年下擔當」，我們也不是完全沒有排解之處。「妳就把學姐電妳想成是因為嫉妒妳比她年輕貌美就好了」，像這樣的說法不是沒有出現過，也總能有效的在我們的下午茶約會中引人發噱，一掃先前講著被電事跡的不快心情。順帶一提，下午茶可以說是空服員們最愛的活動之一。因為可以睡到中午才起，符合我們總是時間詭譎的班表行程；因著「文青」、「小清新」、「小確幸」……各種樂活生活風氣的興起，各式各樣裝潢、食物優質的咖啡館如雨後春筍般開幕，能在裡頭吃喝著好吃的東西、在美美的裝潢下瘋狂自拍、大聊八卦、大講學姐妹甚至客人的壞話，就是我們最棒的調劑。

我曾經也非常著迷於這樣的生活步調。當然並不是每個空服員都是這樣的。願意跨出自己的舒適圈後，也常能遇見各式各樣令人驚奇的人事物。而成為空服員後，因為生活經濟的愜意（可以常常出國、賺的又比別人多），如果不是家庭有特別的困難，基本上不會有人期望你再成長什麼，好像就此已經達成你人生的里程碑，接下來只要找個好老公嫁了、生個孩子，就涅槃了。

這個時候的我，年輕氣盛，還有一種經過社會洗鍊出的貌美，稍稍掙脫了稚氣，有一份人人稱羨的工作，導致我分辨不出這究竟是不是我所想要的生活、我所追求的工作型態。我在飛機上卑微得像個小孩一樣；在外卻因為在飛機上工作而受人崇敬。反正別人說好就是好了吧，畢竟我們身處的是一個很追求「顏值」的世代，不只是長相這樣直觀的顏值，還有職稱的顏值、交往對象整體條件的顏值、生活型態的顏值。一切只要金玉其外、敗絮其內似乎也沒有太多關係。

很久以後，我看了台灣導演黃信堯所執導的電影《大佛普拉斯》，看著主角肚財在外是個人人瞧不起的落魄撿破爛的，但來到了好友菜脯工作的，不到三坪大的小小夜間警衛室，又能長出前所未見的自信時，我忽然有種說不出的熟悉，因為我的生活樣貌似乎就是這個樣子，在某個地方猥瑣，在某個地方又膨脹起來。而令你最軟弱的地方又弔詭的往往是你最自戀的地方，生而為人的矛盾自此生根發芽，開得滿山遍野，難怪我們的包袱如此沉重、不能割捨的如此之多。

一個人，若只能在框框裡狐假虎威，無法真正打開心胸接納這個世界，不論他的框框有多大，都像是水族館裡的魚，沒有洋流、沒有潮汐，連一封癡人說夢的瓶中信也沒有，足以見得何謂狹隘。

有些看得清明的人，大約在三年內就會離職，另覓他處。

三年似乎是一個門檻，跨過了除非中樂透、嫁了個富可敵國的男子，不然不會輕易離開。因為當青春揮霍完，邁入「初老」，我們會發現無法再揮霍的東西除了青春之外，還有實際的生存之戰。不過青春的完結是一種人生進程的必然，生存卻不是。生存是無時無刻不在的、隱形的懸樑刺骨。如果將生存經營得好，名利雙收是終極；如果經營得差，就更是離不開這份薪水比社會新鮮人多，比起用心在自己產業經營多年的人或許要少的工作了。

至此，我不禁想，那別在我制服左側的金色翅膀，究竟是帶我翱翔的通行證，亦或是囚禁我的牢籠？

因為不能反擊學姐，也暫時無法失去這份工作（這個光環），我只能在某種程度上，無意識地（也許是有意識地）將自己的怨氣發在客人身上。

這就是經濟艙的空服員，帶著一種比上不足、比下有餘的自戀，站在百餘人的舞台前表演。

我知道有人會景仰我、為我喝采，也知道有人會唾棄我、令我難堪。但只要我心裡清楚確實地知道，如果我願意對誰友善的微笑，是出自我大發慈悲的寬容；如果我示現出高冷的淡漠，是「專業」賦予我的權責，我就會莫名地好過一點。然後在機艙內這加壓的空間中，又如大樓牆角迸出的不知名小花，獲得一絲喘息的空間。

廚房內，廚房外、客人前，客人後，學姐在，學姐不在……，原來所謂「社會」是一道旋轉門，把曾經可能連貫而天真的我切成兩半，川劇變臉般隨著閱聽人的不同變換自己的模樣。

我一直以來都以為自己是一個「善良」的人。不到會主動參加義工活動救救老殘窮的程度、無法捐出自己所得的幾分之幾給任何公益團體。但就是，至少有人找我幫忙什麼我不太會拒絕，也肯盡力為之（不要太麻煩的話），沒做過翻牆、蹺家、偷學抽菸、欺騙師長、跟男人在外廝混一夜之類以外的，更刺激的壞事。算是「合群」的活著的一個人。

但當我開始當空服員以後，尤其是在我脫離了菜鳥期，漸漸地對這份工作有些上手，也終於有比我更菜的學妹以後（這段時間大約是半年），我不知為何對客人變得非常易怒。當然我們無法要求上機的每一位客人都有良好的教養，而且一點也不期待我們對他們有極大的服務熱忱。可是當客人無法符合我的心意行事時，比如說，和我要一種我的餐車上沒有擺放、但在後面廚房有的飲料（薑汁汽水、啤酒、健怡可樂、綠茶……）；在雞肉飯已經被前面的客人通通要完，我致歉了以後仍吵著要吃雞肉飯；想和三嬸婆一起湊買機上免稅品的折扣，兩人爭論不休遲遲無法決定到底要買什麼，還不斷問我什麼好用；我說了我們等下會一起收餐，還是要將吃完的餐盤推給我……。我總是會忍不住，在心裡，大罵客人（因為也無法當面）。有時甚至是在廚房裡面，邊開飲料的同時就真的邊罵出聲，不過音量只會大到在廚房裡的人聽得見，一有客人探頭進來，又堆上笑臉迎人。

以前學生時代也曾在多家餐飲業工作過，甚至我能被錄取來當空服員，還是靠著我這一點「微薄」的經驗。可是我不曾記得自己從前對客人如此憤怒、心中充滿這麼多怨懟。是什麼改變了我原有的「善良」，把我變成一個憤世嫉俗又驕矜自恃的人？

我思索了這個問題。我想，是所謂的「專業」，讓我得以哄抬自己。當人終於勉力習得了某種技能，並且有機會在人前展示的時候，年輕氣盛的人，或是定力不夠的人，很容易就會承襲一股來自「專業」的流氣，想要招搖自大起來。比如說，有一陣子曾在年輕人之間很流行的一種日本懷舊玩具「劍玉」，體積小，攜帶也方便，成為厲害的玩家以後，要隨時拿出來耍弄也容易，很容易就成為眾人目光追隨的焦點。當然要是我們曾經努力學習過什麼，其目的通常是要令人刮目相看，或是純粹環境所逼，不論是為了父母的期盼或是工作賺錢。

但一個職業，要像我們這麼高度受人矚目，又每次一上班都像一次成果發表會、台下坐滿觀眾的，好像真的不多，也難怪我會在漸漸上手之後，在心裡怨恨客人了。或許這個比喻不太恰當，但好像有點像是紅牌的舞小姐，脾氣大又挑客人，但總還有人捧著大把銀子上來追捧，只要尚有姿色人氣，總免不了要坐實了一把驕氣。

經過了這麼久，從菜鳥做到老鳥，從經濟艙做到商務艙再回到經濟艙，從妹變成妹頭，時間之流多少也鈍化了我那把初生之犢的利刃。現在的我對客人比較溫和，也多多少少終於有點了解了所謂服務的真諦，能稍微拿出一點真心替人著想。我發覺大部分的資深學姐也都是這樣，即便是以「疾風厲色」、「不計小節」出名的學姐，在客人面前也多有一分溫柔。不論她們其實是怕客人後續客訴所以乾脆在事前做好，還是真的在服務的範疇中長出了一點什麼（不過有時我認為她們會拿捏不準對乘客好到令學妹覺得煩，甚至令客人覺得煩）。

與人交流的藝術似乎不是訓練就能訓練得出來的。遑論我在地面受訓時所上的薄弱幾堂「服務訓練課程」也真是連支強心針都稱不上，頂多像是老師跟你說這本會考，但我只看了目錄一般沒用。

我在正式上線工作半年後，才算是熟稔了經濟艙的工作流程。前三個月因為還在各種不熟、各種怕被學姐電，客人的角色相對來說反而變成一絲溫情的窗口，而且還那麼菜就敢對客人兇，如果被學姐發現了是想找死嗎。

然而基本熟悉了，也陸續來了幾期比自己還菜的學妹，算是小學姐了，就開始了我那把心頭不滿發洩到客人身上的時期。所有有理的請示（請把包包放在前方座位底下、我這邊沒有啤酒喔、快要下降了無法販售免稅品囉、拖鞋在後面要的話要等喔……），都暗藏春色般摻進一些不耐與驕傲，曖昧不明的遊走在法律邊緣。甚至有些同學就開始對著更菜的學妹使起「學姐」脾氣來，張揚自己剛剛硬了的翅膀。我們不是在賣春沒錯，但的確是像那紅牌的舞小姐，真要嫁進少帥家裡時還是不免要讓人挑剔一番。

服務與驕傲在心頭拉扯。或許是當時的我太年輕，分不清楚自己到底該是高的還是低的。

大約上線一年後，我多少也踩出了一點屬於自己的高度。我不是對客人最好的那種空服員、但也不是最差的。就像我終究是了解了即便我被選進了這裡，也不代表我就是最美的那個女孩。

也許是因為恍惚明白自己的中庸，也許也還是只是因為年輕，總覺得青春像是漫天開放的櫻花，那麼滿那麼多，怎麼會有凋謝的一天？所以我用盡全力抓住那個我眼裡最愛也似乎是最愛我的人，即便知道他其實並不屬於我。

我在大四那年的冬天和一個有女友的男人交往了。這個說詞奇怪，但大致來說就是這樣，似乎也沒有別的說法好講。一開始純粹只是身體的關係，每每對方找我，就是去開房間而已。但隨著出去的次數變多，從一個月兩、三次，到一週一次，到後來變成一週兩、三次；從只開房間，到會出去看電影，最後還把我介紹給幾個要好的兄弟認識。

我們糊裡糊塗的就固定了下來，成了他女友之外的另一段戀愛。

他是我在對學姐的壓力、對客人的厭煩和對生活的無奈的唯一窗口。畢竟，空服員嘛，沒有人對妳有什麼別的期待了，找個好男人嫁了人生就涅槃了。所以和他異於倫常的戀愛更如毒藥一點一滴滲透進我的五臟六腑。那種少了現實磨合，只追求激情極樂的我與他的相處，更加深了這種一生一世的錯覺，我覺得他就是最後了，我的 Never Land。

我的個性較為隱忍，即使對他有強烈的期待，卻也只敢在柔情繾綣時輕輕柔柔的推動，不敢強強的做什麼。所以我們在他女友之外談著一段看似頗為「正常」的戀愛，在「可以」的時候，也就是他的女友不在的時候，尋常而頻繁地報備著彼此的近況。

那天，我要飛到馬來西亞的首都吉隆坡，不過當天晚上就會回來。我在機場等著要進機艙工作前的空檔，傳了訊息給他，告訴他我要飛囉，要想我喔，大約是這樣親親密密的一小段話。我沒有預計他會馬上就回我，因為也許可能他工作在忙什麼的，所以傳完就也放下手機，和當天一起飛的同學小兔聊天。小兔是我在地面受訓時的室友，那日的陽光很好，透過候機室的大片落地窗灑進來，給每個人都沾了一身金色巧克力，兩個女孩子更是明晃晃的開心。

沒想到我的手機很快就震動了，我心知一定是他，就急急開了要看。還沒滑開，就見螢幕上預示的小方框顯出大大幾個字：「我是他女朋友。」我就知道我完了。

我是一個空服員，大眾對我有一種美好的期待，我自己也是。我要我即便在哪裡歪斜，穿上制服也是一樣站得直挺挺的。我幾乎是美善的代表，我的願望是World Peace，即使不是，我演也要演出來，這是我工作的使命，是對社會的責任。

那天我在飛機上還是盡力演完了。但時不時就要去摸摸小兔，要她的溫暖給我一點溫度。天色不知什麼時候暗了，我們身上的金色巧克力也隨著鼻頭出油溶解了。

從機場回家的路上，看著手機裡幾十通未接來電，我不敢回撥，也不敢接起任何一個。才苦苦的明白，原來，一個人，不論穿上什麼樣的衣服、做什麼職業，依舊就是人啊。不管我在哪裡驕傲、哪裡猥瑣，對誰唯諾、對誰兇，我還不就是一個人，會和有女友的男人交往，被發現了也無法理直氣壯接起電話。

我忽然想起在地面受訓時的前幾堂課，大家都還菜菜的沒有一絲驕氣的時候，有位教官曾經打趣地問：「有男朋友的舉手。」幾乎全班都舉起手來，剩包含我在內的小貓兩三隻有些困窘而驚訝地看著這一大片白藕林立，但我心裡還是流出了一點暖意，是跳跳糖含到最後的甜，因為我總隱隱知道我還是跟其他小貓不一樣的。

我忘了教官問那個問題的切確動機是什麼，但大約是要鼓勵我們要有自信、要驕傲，因為我們是一群「特別」的女孩子，我們跟別人不一樣，我們特別好，所以幾乎人人都要了去，所以很難不有男朋友。

這樣的氛圍幾乎從我考上空服員的那一刻就在我周身緩緩升起，直到我上線熟稔了一切更是倚老賣老地放肆到不行。我以為這是青春爛漫、以為這是學姐電我因為我比她年輕貌美。殊不知這是我目光如豆只將價值建立在一季的燦爛。

我的花季要謝了嗎？

如果我的內裡空洞我還怎麼耀眼？

這時候我才真正意識到我只是個人而已，而我該如何追求不朽？

頓頓的走回家後，家裡沒人，我也不想開燈，想在黑暗裡待一會兒。手機的光卻又亮了，是我熟悉的寶貝，有女友的男朋友。或許是家裡殘存的一點溫暖給了我勇氣，我終於接起電話。「我在妳家樓下。」對方道，而我的心亮了起來。

我開了門讓他上樓，然後緊緊地擁抱著他，聲音緊緊地扯著淚。

「妳要跟我在一起嗎？」他說。

「是真的在一起的在一起嗎？」我問。

他給了我肯定的答覆，不論我暈眩的質疑他多少遍，他都堅定說是。

「那我回去跟她分手。」最後他說。

那晚夢裡我在剛受訓時的那間教室裡，嘩啦跟著眾人一齊舉起了手，我也是一隻白藕，也許真的可以不朽。

# 既生花，何生草？

在我上線一年後，基本工作概念都建構完成，也算是稍微習慣了所謂「就業」生活後，台灣航空業揚起一波浪潮，衝擊著我們這些菜一○——友航招考了。

照理來說，我們兩間航空公司都是國際線的國籍航空，飛的航點差不多、基地也都在台灣，已經千辛萬苦考上A公司，何苦再重來一次去考B公司？況且，航空業有一項很現實的不成文慣例，就是工作經驗無法累積。除非是有一間新的航空公司開航，亟需有經驗的人手。不過，哪來那麼多新的航空公司呢？又不是咖啡廳或便利商店。即使是在A公司已經做了五年、十年，這份經歷無法帶給你在應徵新的航空公司時任何好處，可能還是拖累你的壞處。原因出在空服員這個職位的高度「可替代性」，以及亞洲社會對空服員的一種隱晦幻想與期待，所以年輕的女性在這個產業永遠比較吃香，你看日本那麼多謎片以我的職業為主題就知道了。

這讓我想起我有一位男性友人曾經和我的一位同事交往，由於兩家甚遠，又都還住在原生家庭，兩人很自然地會在休假時一起投宿在外。當時一間離我的公司很近的摩鐵是兩人時常去的選擇。

「妳知道我第一次去那間的時候嚇到了。」友人道：「我們一到櫃檯辦好住房手續，服務人員居然問我們需不需要角色扮演，他們有提供服裝免費出借，有十種職業可以選，空服員是人氣第一名。我那個時候看了一下我女友，心裡想說拜託喔，難道你們不知道她們會自己準備嗎？而且不是假的，是真的！」

我跟著笑了一下然後思緒飄回我的過去，並不覺得有什麼政治正確的屈辱。我倒是沒有穿著制服和男人發生關係過，不過我心裡隱約知道，當初那個男人最後會選擇我，多半是因為我的「制服」的關係。

同樣是「小姐」，在天上和地上就有「高低」之分。

現如今我們生存在這個資本主義的社會，很難不去在意「階級」。的確是天賦人權、人生而平等沒錯，但我們總會默默地比較是你比較高級、還是我比較高級。一旦遇見比自己「高級」的人，很難理直氣壯地不擺出一副小媳婦模樣；遇見比自己「低等」

的人，即便面容和藹，心裡也很難做到沒有一絲驕矜的海波。

那個男人的前女友在特種行業上班，工作內容就是每晚陪男客喝酒。在初次見面不太熟的朋友面前，他都說女友在酒吧當店長。甚至在我們剛開始這段不倫關係約莫半年以後，他才敢脫口告訴我他女友真正的職業是什麼。不過他的女友非常愛他、對他非常好，兩人也說好這份工作她不會做超過三十歲，在他們結婚之前她就會辭了工作，去覓一份「正職」，現在就是好好存錢，替將來做打算。

這些一開始都不關我的事，我只是小三、是調劑，和他的人生主要幹道沒有關係。但這一切在我考上空服員以後開始起了微妙的變化。我有經濟能力、有一份受人景仰的職業，我不禁想自己可以取代對方，給他更名正言順、不用偷雞摸狗的幸福。

而在台灣航空業，我的公司與另外一間以「花」為標誌的公司，亦有這樣一種瑜亮情結。外部的人也許沒有感覺，但在內部的我們，心裡總能感覺這種波濤、這種既生瑜，何生亮的情感，絲絲點點在各國機場上演。

造成這種「嫌隙」的原因，粗略有二：福利和外表。

首先來談福利。

友航是台灣成立的第一間國際線航空公司，剛成立時由官方全力支持經營，揹負著為國共內戰後播遷來台的國民黨政府開拓國際能見度的使命。雖然一九九五年後，官股逐漸撤資，也漸脫離過往的政治宣示色彩，轉型為民營航空公司，執行一般商務航空業務，但有鑒於這樣的歷史背景，官方色彩還是相當濃厚，甚至官股也不是完全退出，仍佔有一定份量。這樣的公司結構使得友航多少有些「公家」色彩，福利自然是不能太差。況且有官方的支持與扶植，如同郵政、電信、大眾運輸等產業一樣，我們大概會清楚知道，除非台灣滅亡，不然這間公司是不可能倒的，多給人一種「鐵飯碗」的保障之感。

而我所服務的公司是首間為促進市場活絡、良性商業競爭而成立的非官方國際航空公司，資金大多來自民間一般投資人，沒有「非死不可」的國族主義渲染，依據資本主義自由市場運作，經營策略以投資人利益為導向。在這樣的公司成立前提下，如果飛機、油價、航權、機場租金……等固定成本無法省略的情況下，又想做到台資企業力求的 cost down，人力成本自然是首當其衝第一個被開刀的對象。

舉幾個簡單的例子，在二〇一六年因應友航罷工，台灣勞工意識抬頭的風聲鶴唳之際，我的公司才終於開放全球所有航點外站，空服員住宿飯店「一人一間」。在此之前，有超過一半的航點外站都是兩人一間房；而外站津貼也在公司開航二十年後，破天荒終於首度調升，完全符合台灣 GDP 的漲幅步調，不過調漲之後也大概還是友航外站津貼的三分之二而已。而我們公司的員工，在面試階段都要接受一份適職測驗，題目大約有五道，大多是「你認為服務的真諦是什麼？」一類、生活與倫理的八股題型。天知道我是個從小只要上作文課就會在心裡大放鞭炮表示慶祝的怪胎，在面試階段，認識的姐姐告訴我有這份測驗，要我好生準備之際，我還全然不以為意，覺得自己就算用腳寫都能寫到 PR 值九十八。

「我不知道今年的題目會是怎樣，不過，」姐姐突然放慢語速，以示莊重：「我知道一定會有一題，就是問你贊不贊成公司成立工會。不管妳其他題目答得有多爛，這題一定要寫不贊成，不然絕對不會被錄取。」我在姐姐語重心長的告誡下，屁顛屁顛地面試去了。在考試的那天，考卷一發下來，果然一眼我就瞄到了那鼎鼎有名的一題。在長達十六年「標準答案」教育的無情強暴下，我有再多天馬行空的幻想，也只敢對言情小說裡的驃驤大將軍傾訴，所以我第一時間馬上就在那題目下的空白處率先謄了「不贊成」三個大字。至今我仍清楚記得自己寫的不贊成理由是什麼：「如果一間公司愛護員工至已超過工會可以爭取的範圍，何苦需要工會呢？」

二〇一六年，友航罷工後，見證了蚍蜉撼樹之力，我的公司有超過半數空服員拋去自己曾經寫的「不贊成」，冒著考零分的風險，聯名加入「桃園市空服員職業工會」，達到與資方團體協商的門檻，而我也是其中一個。當初考的那道題目，聽說消失於自此以降的新進員工之中，成為傳說。

突然有點明白了為什麼那些曾經經歷過戰爭、極權壓迫的人，比如戰犯、慰安婦，在經歷創傷來到盛世太平的現在，仍要那麼積極爭取一句道歉，不肯放下。我想，那是因為一個人生在世上最難過的一件事，或許就是無法為自己堅持的信念從一而終，而這種信念非得要經過某種艱難，不論是生理上或是心理上的，才能自身體上脫穎而出。然而人性的溫暖彈性，往往令大部分的人被社會祥和的表象欺瞞，也不是很明白所謂「信念」是什麼，所以這些人想以痛苦寫下的記憶告訴我們：不要忘記，才有警惕。

在我開始當空服員之後，有很多人問我：「出國之後要住哪裡？要怎麼從機場到飯店？」會有這樣問題的人，大概就是跟剛考上時的我一樣，以為我們飛出去之後就可以「在國外放假」了，所以所有住宿、交通都得自己安排。運輸產業最重視安全和準時性，為確保這兩項特質貫徹始終，航空公司必須為員工安排好一切事宜，甚至航空從業人員在全球大部分的機場，不論出境、入境，都能走員工通道，享有快速通關的權利。當然，這只限於我們工作的時候，私下的行程還是和一般老百姓一樣得乖乖排隊。所以從在國外的住宿、機場交通，到我們的「吃飯錢」，都是航空公司必須支出的成本。而我們的「外站津貼」就是屬於我們薪水一部份的「吃飯錢」的美稱。

試想，假設有一間A航空公司，A航的空服員在出國時住宿飯店一人一間，外站津貼一百元（這只是假設，不是實際數字，每間航空公司在薪資結構的計算方法都略有出入），飛行一架全滿的波音七七七客機，經濟艙有兩百二十位乘客，由八位空服員服務。A航空公司共有五千位空服員，每人每月平均飛時為七十小時；又有另一間B航空公司，B航的空服員出國時住宿飯店兩人一間，外站津貼六十元，同樣飛行一架全滿的波音七七七客機，經濟艙有兩百二十位乘客，由五位空服員服務。B航整間公司共有兩千五百位空服員，每人每月平均飛時為九十小時。

若你是一位剛出社會的新鮮人，想要報考空服員，你想去A航空公司還是B航空公司？

若你是航空公司老闆，你想經營A航空公司還是B航空公司？如果飛機、油價、航權、機場租金……等固定成本無法省略的情況下，想要將利益極大化，你會怎麼做、你能「省」下的是什麼？

在我工作到很累的時候，我會想，如果我是機器人就好了，就不怕累可以一直工作下去。然後就有人發明了機器人、發明了AI人工智慧，機器人毫不間斷地工作，效率之高、成果之好，徹底將我打趴，結果我失業。

究竟誰才能真正守護全人類的幸福呢？想著這個問題想到我失眠，然後，鬧鐘響了，我又要去工作了。好想賴床，還是交給機器人去幫我上班吧！

不過由於我所在的這個世界尚未開發出「機器人空服員」這種東西（怎麼感覺有點情色？），勉強只有初音未來，守護航機安全的任務想當然爾還是交託在我們這些航空從業人員身上。若用上述假設的A、B航空公司規格來解釋，你認為A航空公司與B航空公司誰的飛安紀錄較佳呢？

我想大部分的人都會直覺認為A航空公司的飛安紀錄較好。不過，弔詭的是，B航空公司的飛安紀錄居然較佳，而且自開航以來零失事紀錄，每年還奪得各式各樣國際航空公司競賽大獎。

有人試著分析這樣奇特的現象，發現由民間資金成立的B航，若想要與資源較多的A航競爭，除了想盡辦法樽節成本以外，勢必要加強服務內容與飛行安全，以此成為賣點，招攬更多生意。

若你是一位剛出社會的新鮮人，你想去A航空公司還是B航空公司？

若你是航空公司老闆，你想經營A航空公司還是B航空公司？

我相信唯一能超越人類的，還是只有人類。別讓「生於憂患，死於安樂」成為我們落人口實的話柄，不論是老闆、是員工。

再來談談外表。

我想，「某航的空服員比較漂亮」好像已經是全台灣人民一種普遍的價值觀。就像搭手扶梯我們習慣站右邊、沒戴安全帽就是要罰五百一樣，深深潛移默化在我們的生活中，是不用舉手表決都能成立的一項共識。

而這個「某航」，很不幸的，並不是我所工作的這間航空公司，而是友航。當然，沒有人會無聊到發起公投表決台灣究竟是哪間航空公司的空服員比較漂亮、也沒有人此生得以有幸見過所有台籍空服員，所以這個答案當然也可以直接視為無稽之談，不過我想談談造成這樣共識的理由。

前面簡單提過友航的歷史背景，是在那樣的年代背負著國仇家恨而生，而飛機相對於其他大眾交通工具，也是較為新潮的一種，就像我們會有印象好像在媽媽、奶奶那個年代，「車掌小姐」是女性的夢幻職業一樣，空服員的遴選標準自然又再提高一些，可以說是到選中國小姐的標準也不意外。

在只有一間航空公司的時代，擔當國家門面，常此以往，國民會有如此認知，絕非異常。

而我的公司，成立時間較晚之餘，在對影響空服員整體外觀甚鉅的制服設計上，傾向實用大於美觀（自二〇一七年十一月換了第三套制服後，這樣的「風格」似乎有轉向一些，不過還是令人不甚滿意）；平心而論，我們公司空服員整體對於外貌打扮的風氣也沒有那麼興盛（不過近年來隨著互聯網的興起，風氣有漸漸朝友航靠近的趨勢），加之工作內容、工時，都較友航劇烈一點，所以我們常常戲稱自己做的不是空服員，是「重工業」，而我們都是「空少」（我的公司只有女性空服員，沒有男性空服員）。

更神祕隱晦的一點是，篤信某種宗教甚深的已故老總裁，據說在每次面試空服員的最後關卡，會請來一位他「御用」的「國師」，替所有進入最終面試的女孩子們看面相。不過這個看面相當然不是像行天宮地下街那樣，擺個小攤子，掛上一橫幅「鐵口直斷」的布幔，善男信女一個個坐在前頭，帶著不安的眼神任由師傅端詳。聽說「國師」只會在最後的團體面試時，混坐在空服管理部的高級主管群中，一言不發地看上一看。至於看什麼呢，不是看婚姻、事業、家庭、人際關係，也不是看性格、興趣、特殊天賦，純粹就看這個女孩子是不是可以「活得久」、壽終正寢。畢竟安全是運輸產業的核心價值，除了理性的教育訓練來達成這樣的目的以外，如果還能藉助一些五行術數的神祕力量，或許能更延續這間公司的長治久安。

若上述說法屬實，那麼我想我們公司的空服員就該是這個世界上長得最安全的一群女孩子，一個人摸黑走在夜路上都難以發生危險。我在事後回憶自己最終主管面試的過程，似乎真的好像有一個留著台式三分平頭的中老年男子微笑著不說話坐在一旁，離眼神銳利的評審們稍遠一點。不過我不能確定他是不是就是傳說中的「國師」，也不能確定自己的記憶可不可靠。搞不好是我自己太著迷於這個「國師傳奇」，而自行腦補穿鑿附會了也說不定。畢竟誰不希望自己身上有一點神祕的說不出口的什麼，我們通常會管那樣東西叫氣質。不過若沒有氣質，有一點命帶××也是不錯的。

還有一說是老總裁特別喜歡圓臉的女孩子，所以儘管老總裁並不會直接參與空服員遴選，擅於揣測上意的高級主管們在人員招募上也多朝這個方向前進。我們所生活的這個世代對於美的標準，多半傾向於窄臉、尖下巴。而屬於中國人傳統認知的「福相」，極少數能成為這個世代美的主流；又傳聞友航召募空服員時，特別喜歡腿又長又直的女孩子。空服員、小臉、大長腿，這幾個關鍵字簡直就是 Instagram 的必追蹤保證。

而在我們公司的空服員之間，如果有人跟妳說：「姐，妳有友航臉。」那對我們來說都是至高無上的稱讚。

福利比人差、在一般認知下又較別人醜一點，無怪乎每次友航一招考，我們公司主管就必須在預定面試的那幾個日期嚴陣以待。因為總會有大批想要跳槽的妹子們不顧一切請假去考；考上了，即便當初和公司簽的約沒做完也寧可賠錢過去重新開始。而違約金可不是三萬、五萬那種蠅頭小數，是二十萬。

撇開這不說，光看我們公司自開航以來有沒有別的航空公司的空服員跳槽過來就知道了。有是有，但大多是在外國航空公司做了一段時間想家了，又不忍切割這份工作，所以來應徵國籍航空；不然就是自己工作的航空公司倒了，還是想要繼續飛，所以過來。沒有一個是自友航過來的。而且即使是這些人也是一樣，如果在我們公司就業期間又考上友航了，她們一樣會頭也不回地飛奔而去。我就有一個同事約沒做滿就離職到日本去念書，然後考上日本的航空公司，最後和台灣男友結婚了想要回台灣，就再去考友航，現在考上了也甘之如飴重新受訓、重新去飛。

我們這些被留下的人，永遠有一種「第二名」的感覺。再多的國際認證、再多的名列前茅、再安全，走在機場我們怎麼好像都有種抬不起頭的感覺。

我在大學畢業以前就考上我的公司，然後暑假都還沒有過完，八月一號就頂著酷暑進到公司受訓了。友航在二〇一〇那年也有招考，不過招考時間比我的公司晚一點，是在我已經確定收到受訓通知之後才悠悠招了一期（因為友航福利較好，整間公司離職率很低，不需要那麼多新進人力）。由於空服員並不是我的夢想，當時的我對這個行業當然也沒有徹底研究過，只是覺得一畢業就有工作，而且還是人人普遍覺得好的工作，何樂而不為。因此在我考上之後、受訓之前的那個暑假，即使知道友航招考了，我也沒有任何衝動再重考一次，完全符合我得過且過的學習態度。

不過在我進公司飛了一年後，實際體驗過航空業現況，以及同事之間耳語澆灌的加持下，這次的友航招考好像就有種非去不可的態勢。這股浪潮當然不只席捲了我，還席捲了大部分的我的同期同學、二〇一四年以降進公司的部分學姐（對，就是有人已經在我的公司待了這麼多年了還是要考），更小的學妹們就更不用說了。

或許有人會說，如果當空服員本來就不是我的夢想，在這個圈子待了一年也算是了解了整體生態，為什麼不是選擇離職，而是選擇去考其他航空公司？

我想，這個問題的答案或許是台灣「標準答案」的填鴨式教育所產生的另一個悲哀，就是我們幾乎沒有被教導過要如何思考。所謂標準答案，好像從來都不是經由自己產生的結果，而是某一個我們觸碰不到的聖賢之人早已制定下來的，我們只需照做就好。這個聖賢之人可以是同儕、可以是父母、可以是師長、可以是老闆，總之都不是我們自己。儘管你問的這些人也都是從其他人口中得到的答案。但或許就像農人種植的農產品經過中間層層剝削以後，最後到了我們手中變得極貴無比一樣，答案這東西也是，好像在越多人的口中被傳頌過，這個答案就變得無限逼近真理。

當時的我相信去考友航就是至高無上的真理。身為一個空服員，沒有比這更好的解答。不論友航好的是什麼（福利、外表），壞的是什麼（安全、官僚風氣），我無法克制自己的比較之心，僅僅因為不想再當「第二名」，我都可以拋下已然穩定的生活型態、冒著賠大筆違約金的風險，去試上一試。卻狹隘地忘了自己也可以不用當空服員，我有健全的身心，做什麼都是一種可能。而這世上若有一百種職業，我總能找到一種我真心喜愛而且充滿熱情與天賦的東西。

有關教育的宣傳文宣裡頭總有一句，我忘了確切的字句是什麼，但大約就是「教育，可以讓人生擁有更多選擇權」一類的話語。但我曾不只一次看到或聽到受高等專門學科教育（例如法律、醫學、電機、會計）的人抱怨，自己因為念了這個科系，好像從此以後就只能往這行走了。哪是擁有更多選擇權？想要走別的行業，還會受到周遭的人（尤其是父母）的強烈抨擊，根本就是越來越窄。

而空服員這個行業更似是一條極窄的單行道。除了工作經驗無法累積之外，看似比大部分人要好，但總還有比自己更好的的中高階勞動條件、亞洲社會普遍對「空服員」投以的愛慕眼光，都把我們餵養地如同剪去耳朵的街貓一樣，看似擁有野性的自由、還有善心人士餵養卻不屬於誰。多好的生活方式！可是我將是僅存的最後一代，這個世上往後不會有更多的我了。然而「我」重要嗎？吃飽就好了吧。

友航的招考方式較我的公司簡單許多，除了第一階段在網上寄送的書面資料審查以外（照片、基本資料、中英文自傳），接下來只剩兩關。第一關就是排隊抬手去摸一條畫在牆上的黑線，不踮腳、指頭能超過那條線即可。代表你的身高在機上足以觸碰到頭頂上方的行李箱。然後我印象中似乎是隨機五人一組，進入一間小房間念中英文廣播詞。唸完出來就可以解散回家，之後在網路通知能不能進入最後第二關主管面試。

值得一提的是，我的公司在唸中英文廣播詞的這項測驗上，還多了台語的項目。除了充分展現老總裁以台語為第一母語的特質以外，也隱喻台灣在國際地位上的企圖心。若友航的成立代表的是舊時代為播遷來台的國民黨政府，拓展代表「中華民國」主權的國際能見度；那麼我的公司的成立主旨代表的除了是資本主義社會的市場自由之外，其隱身其後的背景音樂，就是經歷時序推移，在一種偏安、不捨、無可奈何、新國族主義浪潮的複雜情緒下，盼望成為在世界遨遊的「台灣之翼」。

所以我們考台語，不論是本省人、外省人、原住民、客家人。而現行在機上使用的廣播詞中，台語依舊在世界各國的領空中遨遊著。

我去考的那唯一一次友航招考現場，猶如一個小型同學會一般，處處都散落著我在公司的同事。而已有航空經驗的我們，除了在外貌上看起來更精確幹練，更較一般沒有經驗的考生看起來氣場更為自信強大，看著認識的彼此的眼神，更都透露著一股子「明天我們友航見」的曖昧愉悅。由於廣播詞考試（在我印象中）是隨機五人一組，考試現場又傳言四起說平均一組只會挑一到兩位進入下一關，為了使彼此晉級的機會更大，認識的我們在排隊進入考試現場的行列上，都刻意排得遠遠的，盡量不讓彼此被分到一個組上。

我雖然是個在純正本省家庭長大的孩子，卻是個國語講得比台語要好上數倍的異類，高中時代更曾代表班上參加過國語朗讀比賽。對自己的咬字發音極有自信、又有一年「空少」經驗，我左右看看和我一組面試的陌生女孩子們，總覺得自己不上不行啊。唸完廣播詞，出得考試的小房間來，我等著也同來考試的好友雅典娜一同離開考試會場。雅典娜倒真是半個外省人，身材高挑又濃眉大眼的她，承襲了來自父親的深邃樣貌。我們小媳婦似的低眉斂目走進離開會場大樓的電梯，恰恰只有我們，沒有別人。待電梯門一關上，我們才看了彼此一眼，就忍不住放聲大笑，笑對方適才真是裝得溫良恭儉讓、笑即便如此卻藏不住眼裡的得意顧盼。我們即刻大講起和自己同組的人如何發音不好、如何裝扮怪異，我們都覺得自己就是同組人中那唯一的王籤，而不久後就真的可以「友航見」，不再當第二名、不再忍受粗重的工作內容，真正飛上枝頭變鳳凰。

一個月後，友航進行當年度唯一一招的最終面試。我和雅典娜因應一批參加友航最終面試的請假潮而雙雙被抓飛加拿大溫哥華。讓我們倆同時在那一天被抓飛那一班，或許是上天開的一個玩笑，也或許是上天的一種悲憫，要我們慶幸好姐妹還能同在一起。我們倆皆收到了暱稱為「遺珠」的落選通知，所以在最終面試那天就一同手牽手乖乖上班去了。不過那趟我們兩個雖然一起卻都飛得不開心，雙雙在飯店大哭流淚。不是因為學姐不好、客人很糟，而是因為心裡一個關於航空的夢碎了。

我還年輕，當然可以再考。而且我還從未細細想過當空服員究竟是不是屬於我的夢想，似乎不必要為落榜一事如此焦慮、上心。況且當時的我在經過一番明爭暗鬥以後，已經如願和「有女朋友的男朋友」正式在一起了。我還是個空服員、我還有心愛的戀人，撇除航空界內的比較，我在整體的社會形象中還是屬於中上乘，我何苦要空虛失落。

很久以後，我才知道，約莫是在我開始認真寫作以後我才明白，一個人，要是從來不知道自己要的是什麼，就會容易迷失在世俗的價值中，拿著別人的尺量著自己的身子，並一次次為此削履適足。我當初在考試會場電梯裡取笑的那些和我同組的、我認為不夠格的女孩子，或許才真正因為夢想而閃閃發光被選了上。

自己才是自己的花，也是自己的草。不論外界評價風向如何，都不及自己在心裡琢磨種植的來得燦爛。

我終究是考不上友航，亦不是瓜子臉、大長腿，我圓臉還能長命百歲。可是我依舊是漂亮的，跟世俗價值無關的漂亮，是由衷感謝爸爸媽媽生給我的好皮囊。然後我便感覺自己足矣，能有飽滿的力量去面對這個變化太快的世界。

# 商務艙的空服員

在經濟艙混了兩年後，我因為我的平庸及不突出，順利向上晉升一級，成為商務艙的空服員。

會這麼說自己，絕對不是自貶以求謙虛之意，而是因為我清楚明白這就是我對待工作的態度。一種認為這個地方虛無、沒意義，總有點輕蔑的意思；卻又害怕若是被逐出這裡，自己就會什麼都不是，成了沒了根的人。很像是討厭自己父母的孩子，無法再和他們相處下去，搬出了家門，卻怎麼也斬不斷體血內的千絲萬縷，總還依賴著這些經過交換而重新排列組合的基因，才有辦法呼吸。

所以我不是和我同期進來的同學當中最早晉升的、也不是最晚晉升的。我這種人的存在代表的是中間值，大眾的民意、老二哲學。不用站在前頭衝鋒陷陣去試水溫、去送死；也不至於落到後頭給人留了一個不夠積極進取的話柄。

我的公司由於成立的時間較晚、較新，所有典章制度即使參考其他航空公司而有基本的架構，但細節還是得因應草創以來的各種不確定性而修繕。尤其我的公司在成立之初就遭遇各種衝擊航空業甚鉅的事件，一九九八年的亞洲金融風暴、二〇〇一年的九一一恐怖攻擊、二〇〇三年的SARS、二〇〇八年的環球金融海嘯，每每在事件發生之際，人力的派遣及應用就是一大難題。

簡單來講，當世界發生經濟危機或大規模災情（戰爭、疾病、天災）時，人們為求自保而降低出國意願，就是我們人力需求最低的時候。由於我進公司那年恰是兩岸宣布直航連帶航空業蓬勃發展的當口，航點增加，飛機也會增加，飛行組員乃至於地面作業人員的需求也會大增。而兩岸直航並不是慶典般只有存續一年、兩年的事，在新聞稿正式發布之前，官商勢必已經私下協議數次；政策正式執行後，即便公司一定做過對應的沙盤推演，但計畫趕不上變化，許多無法事先見微知著的地方，會在這個過程中逐漸暴露出來。公司機動性的見招拆招，就成為我這樣平庸的人還能薄扶搖而直上的理由。

我僅是幸運、是生來逢時的產物。

反之，若生不逢時，像許多曾經歷前述那些天災人禍的學姐，就被公司以各種「嚴刑重典」驅之別院。人資單位會戴上各種千倍、萬倍放大的顯微鏡，將平時執行地並不嚴謹的規範突地緊緊收束。其中最常用的手法，就是檢視空服員們過去的出缺勤紀錄，找出其中不愛上班的翹楚，沒有預警地，突然拉掉班表上的飛行勤務改成地面勤務，在人都還搞不清楚狀況來到公司，以廣播通知某某某請速至空服管理部。接著，一位內勤課員（有時是課長，依情節輕重出面的人也會不同）會提出某某某過去白紙黑字的紀錄，輕聲詢問：「請了這麼多假，看來妳的身體狀況好像不太適合飛行耶。要不要乾脆留職停薪一陣子好好休息、調養身體呢？」

我曾經問過一位因二〇〇八年金融海嘯造成景氣低迷而被「下放」去休息了一年的學姐，當時的狀況如何，學姐道：「就公司生意不好，用不到那麼多人，又不能明著裁員，就變相找方法逼妳去留停啊。我雖然是請很多假沒錯，可是我每個假也都是按照規定去公司認可的醫院拿到醫生證明才請的，所以還是會覺得奇怪、不公平。但還好我那個時候也真的不是很想繼續上班了，所以還覺得突然可以放一年假好像也挺不錯的，就答應去留停了。」

「不過有些人可能家裡有經濟重擔或是怕去留停以後就回不來，還是有堅持自己工作的權益。但是公司也許真的是給不出空服員的職缺、或是怕如果我們堅持就可以不用留停會造成已經答應的人反彈，所以堅持繼續上班的人，公司也沒有讓她們在天上飛，而是讓她們到公司內部的內勤單位做朝九晚五的上班族，說是讓她們調養身體。」

「那妳怎麼回來了？」我驚奇地接著問，畢竟就我所知，我的公司行事風格屬於鷹派，會這樣「委婉」地要求空服員留停，弦外之音就是要妳識相點捲舖蓋走人了，沒想到學姐居然還回得來。

「就我看時間差不多了，自己打電話回來問說怎麼復職啊。」學姐俏皮回答。

「沒有受到刁難？」我又追問。

「沒有耶，可能是因為我回來的時候剛好就二〇一〇年了，就是妳們那期進來，公司正缺人的時候。但是那時候跟我一起下去留停的人，也有人受不了這種一年沒有工作的不確定性，直接就提離職；或是之後時間到了，可能也找到其他工作了，就沒有主動回來。」學姐道。

聽完學姐的解釋，我總覺得學姐有種傻人有傻福的態勢，才有辦法這麼柔柔軟軟地繞過了資本主義社會嚴峻的崎嶇。或許是因為性格相仿，所以我亦非常喜歡這位學姐。若是我和學姐的年代交換，換成是我有天突然被拉了班表、一通廣播叫去辦公室，要求留停，我的命運會峰迴路轉至何處呢？我還回得來這個既疏遠又親密的「家」嗎？我不禁想。

我獨獨知道的是，生來逢時的我這期以降的空服員們，若是有像學姐這般愛請假、不愛上班的人物出現，公司的遊戲規則也因地制宜地出現改變，由「懲罰班表」取代留職停薪輪替上線。雖然遊戲規則改變，但懲處從制定到實施的速度依舊不變，甚至更有種跟上時代潮流與時俱進的迅雷不及掩耳感，往往被懲處的當事人一打開最新班表，才發現本月飛行時數竟是零，沒有任何原始飛行勤務、飛航班號，只有各式各樣的待命：早上的、下午的、晚上的、凌晨的、專待長班的、專待短班的、專待超長程航線的、松山機場的……。

懲罰班表的用意，在於讓愛請假的人體會不請假的乖寶寶常常得要替請假的人代班的心情。

其實我們每個月的班表一出來，或多或少都會有三至五個待命，畢竟運輸產業最注重安全和準時性，而空服員的配置其實屬於安全範疇，依照機型不同、乘客人數多寡，一架飛機需要配置幾個空服員都是由民航法規清楚明白規定。若航班上的空服員人數不足，將無法放飛。但空服員也是人，是人就會有生老病死、婚喪喜慶。為防止各種不預期的病假、事假、婚假、喪假，待命就成了我們班表結構中較為特殊的一種班型，也幾乎是所有空服員最討厭的班型。因為我們的工作時間及地域的不確定性已經很高，每個月待命那幾天更像是在原本就已經很凌亂的生活中投入一顆不定時炸彈，一旦爆炸，或許早在班表出現之際就為這個月規劃好的事，可能必須全部重新洗牌。

所以我的休假前若有待命，都會先和朋友說好如果被抓飛就必須改時間約了。這麼多年下來，也很感謝家人朋友非常體諒，還自己學會怎麼看我的班表，讓我不用一次次解釋為什麼今天突然可以約、明天突然又不行。

曾經和某個男人曖昧的時候，約了一天我待命結束後去看電影。待命期間他不斷傳訊息來問我會不會突然被抓走，我亦有些故意的回說這天有舊金山四天班、紐約五天班、維也納六天班……若是抓飛了，那麼只好幾天後見囉。最後我安全下莊，他開車來公司門口接到我的時候，兩個人都鬆了一口像是劫後餘生般的大氣，好險好險地相視而笑。

分離有時是能讓心更緊緊相依的調劑、有時是將情感蝕出縫隙的浪潮。一般人或許很難體會我們這種將人的聚散離合搗得如此零碎，再篩落在每個月的班表之中，使人一種情緒都還沒到頭，工作任務就橫生生切入的生活。

大部分人的日常作息都擁有某種規律，工作、娛樂、睡眠、學習亦有跡可循。所以會有電影演男女主角在某個地方相遇，但沒能認識上，心有掛念的一方就日日或是週週、月月，甚至年年同樣的時間、同樣的地點等在那裡，就為了等到與彗星再度交會的奇蹟。而我們的工作雖然有班表，卻是月月不同，而且並不操之在己。常會有人知道我的職業後便問：「妳都飛什麼線？」似是想要抓住我的某種規律。但我不是彗星，而比較似是流星，在宇宙中無端漂浮，受到某些星球重力吸引才會猛衝過去，燃燒自己。我們公司的制度除了非本國籍組員（日、泰、越）因為乘客語言需求及自身必須回家放假之故（外籍組員的 Home Base 是在他們自己的國家，所有休假都必須回國，在台期間即便沒有飛行任務都算工作），會有較固定的幾條飛行航線以外，本國籍組員除非自身對某個外站有特殊的人文（男友）、地理（旅遊）、經濟（特產）依賴，而月月勉力與人調班，甚至全勤三個月以求一次自選一個航班資格，不然都是沒有「飛什麼線」之分的。

在心裡的情感還沒走完，卻又要為了麵包而奮戰之際，又因為工作內容難有成長、難以累積、沒有激盪，固定重複令人無法切確衡量自身價值，許多人便會選擇屈服於情感的拉扯，請假不去上班。

當然也有人在這裡找到價值、熱愛這份工作；或是自身性格較為嚴謹，談不上熱情但有某種完美勳章強迫症；或乾脆就是情勢所逼、就是缺錢、就是不喜歡回家裡，在外的情感驅力還比在內的驅力巨大……。不過就我觀察，不愛上班的絕對佔多數。而我亦是情感軟弱之人，這麼多分分合合是我比熱如海洋的閾值難以負荷的，可我又怕出了這裡令人易於捉摸之後我又什麼都不是，所以只能奸巧地把假請得不太引人注目、也不過分失去自己的剛好（一般來說一年大約是三十天），然後搭上時代潮流的順風車，如台灣政黨輪替的惡性循環一般，靠的並非能力，而是永遠都會有人比你爛，光光榮榮的進入了商務艙的世界。

成為商務艙的空服員無疑是晉升沒錯，薪水會有微幅的調漲，服務的顧客群也大多是人中龍鳳，服務手法與應對進退還要回到地面上大約一週的課程來達到相對應的提升。許多在商務艙做久了的空服員，也大多會提出「在這裡才有做空服員的感覺」的意見。不過由於服務商務艙的內容細節和經濟艙大約有天壤之別，從前在經濟艙學的農場餵雞般的那一套，拿來商務艙根本完全無用武之地。因此在這個經濟與商務的銜接過程，沒有例外的會成為我們公司空服員的第三陣痛期。

第一陣痛期就是我們剛剛考上，在地面受訓以求獲得飛行資格的訓練生時期；第二陣痛期便是結束地面訓練，帶著一腦的「知識」，試圖將知識化為力量，希望能在空中將一切習慣成自然的實習生時期。由於二〇一〇年後，我的公司開始年年大量招入人力，二〇一六那年更是瘋狂招收了將近二十個梯次的新進空服員（每一梯次二十至一百人不等），直到二〇一八年人力逐漸飽和，這種態勢才趨於緩和。突如其來的人力海嘯勢必後浪推前浪，平凡的我因為大批新紮師妹緊追其後，只得含淚和終於習慣了的經濟農場告別，拍拍雙手的泥灰，進入這個用錢堆出的世界，承受可能壓垮我的最後一根黃金稻草。

商務艙和經濟艙最大的差異，除了票價、座位大小和人數以外，對於一個空服員來說，最有感的第一件事，便是餐具變重了。

在經濟艙，每位乘客依據航線不同，八九不離十會得到一份方形的塑膠餐盤，上頭整齊擺放著一疊小菜、一種點心、一份三色蔬果、一包餐具、一個二選一的主餐，加上麵包一顆；餐點之後，會再詢問乘客想要喝什麼飲料搭配，八九不離十會有紅酒、白酒、可樂、汽水、果汁、水可以選擇，之後還有茶及咖啡的服務。但在商務艙，所有餐具均由輕盈的塑膠轉為厚實的瓷器，使用的杯具還依照喝的飲料不同，而分別使用不同的水杯、利口杯、香檳杯、清酒杯、西式熱飲杯、中式熱飲杯……，材質當然不是免洗的，而是真實的玻璃及瓷器。若是短程航線，為配合飛行時間，所有餐具、餐點會像經濟艙一樣統一放置在一個兩倍大的餐盤上供應給乘客；但若是長程航線，所有服務流程就基本比照高檔餐廳，一道一道拆開送給客人，前面還多了餐前酒、中間還多了熱湯，餐後還推出甜點車，讓乘客自選要冰淇淋、蛋糕、水果還是起司拼盤，整體流程較經濟艙繁瑣十倍有餘。

雖然服務的乘客人數也是大約少了十倍，其心力交瘁程度還是不減反增。加之商務艙需要和乘客互動的機會變多，個個又幾乎是惹不起的非富即貴。不像經濟艙的客人大都來自和你我相仿的中產階級，在時間和空間的擠壓下，個人須為乘客負的責任也小了許多。

兩年的經濟艙經驗，在這些一％的金字塔頂端貴客前，簡直無足輕重；在更為老練的學姐們面前，更成為一種不知天高地厚。

我又花了大約半年的時間才總算習慣了商務艙的生活。

當我終於大致了解了商務艙在幹嘛，也總算有些悠游其中，跨越了第三陣痛期後，我認為做為一個空服員的基本建構就完成了。當你發現自己在一架飛機之中的任何地方都有可用之處，你對於這份工作的認同感會頓時提到最高，來到一個甜蜜點。即便再怎麼討厭這份工作，也會捨不得放下這一身的技能。因為終於撐過了、因為心裡清楚即使這種能力再難取得，出了飛機也頓時變得雞肋。不論是心理的還是現實的沉默成本都太高。再加上商務客的屬性會令人有雞犬升天的心理作用，因此我們不得不與工作相愛了。

基於上述理由，商務艙產生了許多不願意離開的學姐。這種學姐的年資大致有兩個落點，一種是極度資深、一種是中生代。

極度資深的學姐其資深程度大約就是和公司同生共死，算是時勢造英雄的第一批寵兒，因應著航空公司剛開航，接受完基礎訓練以後，就能搭上職級電扶梯，以非常快的速度一路往上升遷。

聽說剛開航前幾年有個「五年座艙長計畫」，意思就是進公司五年內若沒有意外、考績達到標準，就能當上一架飛機中最大的主管。當然學姐們在這五年內還是必須一步一腳印將每個職級的技能熟稔後才能再往上升遷。

我的公司在空服員配置上設立了四個職級：經濟艙空服員、商務艙空服員、副座艙長、座艙長。座艙長必須負責全艙的管理，因此不特定歸屬於哪一個艙等；副座艙長的配置較為特別一些，依一架飛機的艙等設計，每架配置一到三位不等。所以經濟艙會有一位副座艙長、豪華經濟艙一位、商務艙也會有一位。若當趟飛行的是全經濟艙客機，或是只有經濟及商務兩種艙等的機型，就只會有一或是兩位。這樣的配置是為了能深入管理各艙等的服務細節，並為座艙長分憂解勞。

經濟或是商務艙空服員因其所受的職能訓練限制，每趟飛行只能待在該艙等服務，但偶爾人力短缺時，商務艙空服員也會被借調來經濟艙工作。而副座艙長在每趟飛行任務的艙等配置就完全依賴「年資」決定，資深就做前面、資淺就做後面。除非偶爾公司政策宣導（例：請資深副座艙長至經濟艙管理，以提升經濟艙服務品質），或是破天荒經濟艙乘客人數還比商務艙要少，為了敬老尊賢，較資淺的副座艙長便會和學姐交換服務艙等。

有少數非常資深的副座艙長學姐，便會利用這樣的配置機制，力抗往上升遷至座艙長的機會，一直一直地在商務艙留了下來。

通常這樣的學姐也不負期待，在商務艙的服務品質上亦非常嚴格與細緻，往往令新進的商務艙空服員們聞風喪膽。有時即便是已經做了一年、兩年，算是資深了的商務艙空服員，也不見得能達到這類學姐對品質的要求。這類學姐理所當然變成底下小囉嘍們心目中的「鬼」，名字會被寫在菜鳥空服員的小本本上，還用紅字劃線加強強調其恐怖程度。不過此鬼有區域性的仇冤，幾乎只會在商務艙出現。

在我的短短兩年商務艙空服員生涯中，曾有兩次和某位這樣的學姐交手的經驗。不是我夜路走多不怕鬼、也不是我自豪於自己的服務手法多麼周到，第一趟純粹就是因為只是個非常短暫的香港來回班，服務流程簡單，我又是個必須把假請得非常謹慎剛好的人，便心一橫想說時間這麼短，主動送死也不一定能死得成啊，就抱著姑且一試的心態惴惴去了。沒想到還真是被砍得七葷八素。我是靠著不斷地心裡自嘲：沒關係我就是笨嘛、反正我也沒有很喜歡這份工作啊、就當作是做善事讓人罵罵消氣……，才勉力留了個全屍。

第二次就是無預警地被抓飛至這位學姐的航班了。所幸當趟有位小學姐非常得這位資深副座艙長的歡心，還會主動調班、求班要和這位學姐一起飛的那種要好。我在小學姐的庇蔭下，經過她的私下提點：究竟學姐在意的是什麼、必須做到和不用太上心的部分是什麼，再加上服務做完後的美言幾句，我又全身而退，並在某種程度上算是納入了學姐的人馬。

那是一趟極其扎實的的倫敦六天班，必須先飛台北曼谷，在曼谷過夜後又馬上接著飛英國倫敦，在倫敦停留一天半後再飛回曼谷過夜，然後返回台北。等於幾乎每天都在化妝、上班、下班、卸妝。

待在倫敦的那一個整天裡，我在準備出門時於飯店走廊遇見這位學姐。那時學姐剛用完早餐，正在返回房間的路上。由於前面兩段台北曼谷、曼谷倫敦已有打好和學姐相處的基礎，因此便較親暱地上前與學姐搭話，問她這趟都不出門嗎？

「想啊，想去看薰衣草，可是臨時才決定的，所以有點猶豫。」學姐答。

當時在我們公司的空服員之間有些流行去倫敦近郊一處地點看薰衣草，我知道學姐說的那個地方，便回道：「那不錯啊，可是我也沒有去過，但看大家拍的照片好像挺美的。」

「妳沒去過的話要不要一起去？」沒想到學姐馬上開口邀請。

當時的我心裡已經有想好要去的地方了，是在倫敦市區的 V & A Museum，而且就要踏出飯店。其實薰衣草田的選項也很吸引我，但總覺得伴君如伴虎，雖然這算是下班時間，但若是這麼長時間地和學姐相處在一起，而且是私下的，結果很明顯不是大好就是大壞，很難有中間的選項了。我尚還有回程兩段倫敦曼谷、曼谷台北，我沒有自信在失了小學姐的提點下還能自己和學姐相處得很好，因此我搖搖頭，和學姐道：「我已經有想好要去的地方了，所以這次就不跟學姐了。」

學姐的表情沒有多大起伏，也沒有更強力的邀約我，只是爽快地拍拍我的肩，要我快快出門。

雖然拒絕了學姐，但我在倫敦繁複古老的地鐵線路間，卻不禁悠悠暗爽起來。我竟然能夠得到一位天王等級的學姐青睞，還願意邀請我一起出去玩，我的職業生涯也算是有所突破了。然後我突然有點掌握了所謂雞犬升天的道理，或許當自身沒有特別突出的能力時，對於人情世故的合縱連橫，便也成為一種能力的表徵。像學姐只喜歡服務商務艙、像我們遇到學姐不是逃就是想辦法征服。我們都是在靠著對對方能力地位的憧憬，仿生般依附其下，如絲蘿願托喬木。

座落在落點另一端的中生代學姐們，我想她們的心情和極資深的副座艙長們可能一樣，不過又是一場生不逢時的機緣使然，造成她們只能將自己綑綁在較低一些的商務艙空服員階級。

有別於極資深副座艙長學姐，這些中生代學姐們大多待學妹們和氣，雖然也都會因為長久地在同一工作環境中而生出一套自己處理事情的秩序，卻可能因為並不身兼管理職，而少了一些責任束縛，多了一點從容。

其實我自己在商務艙做習慣了之後的感覺也是這樣，從容。

不是說我們在商務艙就不忙碌，每每全滿又剛好做正式午餐、晚餐（商務艙餐點內容會依照起飛時間調整多寡），內場廚房也是忙得不可開交，每個人都希望自己可以瞬間長出八隻手、八隻腳，好應付外頭幾十張嘴不同的吃飯速度。但因為乘客層級和服務內容的提升，我們又願意、甚至感覺自己有責任去隱藏起自己的心力交瘁，在走出廚房面對乘客前，收攏一束因為匆忙而落在額際的頭髮，做出隨時準備好的從容模樣。

有時在商務艙的服務結束以後，若是經濟艙還沒結束，商務艙的空服員便會被學姐派去後頭幫忙。這時看見商務艙來的學姐們，更會覺得她們周身充滿了一種不一樣的天使光芒，除了因為知道她們確實通過了經濟艙的洗禮，也實際能看出即使身著同樣一身制服，她們體內散發的氣質還是有別於其他。

造成這樣氣場質變的因素除了雞犬升天的心理作用之外，是否也和「近朱者赤，近墨者黑」的鏡像模擬有關呢？

飛機是一個非常奇妙的空間，用座椅的舒適程度和一道道布簾，就硬生生隔開了兩個世界，卻又巧妙地將人生百態縮限在這道無足輕重的界線上。這樣的分界是對文明禮儀及資本主義社會的尊重，也是相信搭機大眾的基本修養。如果是在這樣的前提下，空服員們對待各個艙等客人們的態度就不應該有明顯差異，畢竟客人花錢買的該是空間、舒適程度和餐點內容；而空服員們在所能做到的範圍內也該盡力提供「一致」的服務品質。

可是當我在飛機上工作，將所有艙等都輪了個遍了以後，卻也漸漸對各個艙等的客人產生某種先入為主的觀念。我無法擔保所有搭乘商務艙的旅客一定個個都教養良好，畢竟我也曾經在商務艙遇見十分無禮的客人。不過或許也是因為乘客基數的關係，我總感覺在經濟艙遇見無禮客人的機會好像還大一些。

經濟艙因為座椅空間狹小，飛行長程航線時，任何一個可能的空位都會成為兵家必爭之地。這種事情若是在乘客之間私下解決，空服員們會輕鬆許多。但若是乘客因為自身的「特殊需求」而要求空服員替他們與其他客人情商，讓自己能擁有較舒適的空間，我總是很難一口答應、總是會不小心先露出非常為難與歉然的表情。

最常見的例子該屬用餐時間結束，客艙燈光調暗，好讓客人可以休息的時候，有人按服務鈴反應前方客人將椅背放倒，嚴重影響自己的使用空間，要求我們請前方旅客將椅背豎直。但經濟艙的設計本來就是如此，每個人都有權將自己的椅背放倒，除了少數第一排旅客以外，每個人也都會有一位前面的客人可能會把自己的椅背放倒。每個人能控制的就是自己扶手右側的按鈕，可以給你大約三十度角的自由。

我總覺得這應該是一種常識，這三十度的空間除了是對其他旅客的尊重，在某種程度上更是對自己的肯定，肯定自己的能力可以擔負起這樣一張座椅，美中不足卻也綽綽有餘。

但當我不止一次遇見這種惡劣要求前方乘客椅背豎直的客人，或是另外一種，將自己的腳掛在前方座椅上的客人，我總是會不禁懷疑這位客人的常識處理究竟出了什麼問題。

商務艙的活動空間較大之餘，每張座椅還都做成能全平躺式的設計，自然不太會出現這樣為爭奪空間而面紅耳赤的景況。即便在全滿的時候，每個人所擁有的一方天地也不受影響。所以在飛機這個微型社會中，空間爭奪將成為「下層階級」永遠循環的悲哀嗎？經濟艙旅客裝死偷跑到其他艙等使用廁所時，我該大發慈悲地睜一隻閉一隻眼，還是嚴格執行機上種姓制度呢？

公司SOP在面對這樣的客人，只要不嚴重威脅航機安全，提供給我們的是一種曖昧不明的委婉態度：「先生／小姐，讓我帶您至其他地方使用盥洗室。」不能戳破客人貪小便宜的猥瑣心態，也無法義正嚴詞解釋規矩。這種左右不是人的感覺讓我經常就這麼算了，只要事情不太嚴重，沒有引起原艙等乘客嚴重抱怨，我不大會嚴格執法，讓自己少一分尷尬。然後在這種得過且過的心情下又會有些看輕自己；在看輕自己後又想責怪他人，所以只能更加厭惡某些經濟艙乘客沒有能力卻貪得無厭的行為。若是我們無法深入思考，很容易就會將金錢與修養、能力劃上等號。在這種淺薄的淺移默化下，我或許成為天使、或許成為惡魔，我可能會自以為是的為了不要玷汙自己的一點什麼，而不願對經濟艙的客人有真心誠意的熱絡。

但事情總有例外，我想講一個我在一簾之隔經歷人情冷暖的故事。

當時我才剛剛升上商務艙空服員，我印象非常深刻那天飛的是一個極短程的上海。商務艙有一位旅客，一登機就向我要普洱茶，並指定要用「壺」裝。當時商務艙的餐具配置的確有一種鐵製茶壺，不過因為我們都直接將茶飲泡好，倒在杯中提供給旅客，因此此壺幾乎不曾在外場出現，只會在內場要大量泡製某種茶類時才會拿出使用。

由於那是一趟時間非常緊湊又全滿的上海，剛剛升上商務艙空服員不久的我，大腦大部分的運作都還在強記服務流程，試圖不要出差錯，那種因熟稔而生出的從容還沒在我身上成型，因此我的腦中線路因著這突如其來的特殊要求而產生短路，沒法靈活應對，所以聽見乘客用「壺」裝的要求，我的第一個反應便是結巴反問：「壺？什麼壺？」

沒想到客人的臉色開始不悅，陰一陣雨一陣的，而且我看得出來，他覺得我很笨，所以完全不想與我解釋他要的是什麼。

當我還愣在當場，試圖想用天真的呆滯化解這場尷尬，一位學姐走過來，輕巧地上前招呼：「要用壺裝是嗎？我馬上為您準備。」隨即將還一臉膠原蛋白的我拉離當場。回到內場，我看見學姐從上方置物箱中拿出了那個很少用的鐵壺，然後俐落地拿出茶包、加入熱水，替客人將普洱茶泡在鐵壺之中。

「妳怎麼知道他要用這個？」我瞠目問道。

「我載過他。這個客人每次一上機就都是這種全世界都應該要認識他的態度，每次也都要鐵壺裝茶，所以印象很深刻。」學姐解釋。

我將裝在鐵壺裡的普洱茶端給客人以後，他從袋裡拿出自己準備的茶杯，自顧自的品茗起來。

過沒多久，艙門關閉，航機後推，客艙內播放起安全示範帶。我們在影片播畢後，由各自的座位傾巢而出，執行起飛前的安全檢查。那位鐵壺先生的座位恰恰在我被劃分到的區域內，而在起飛降落時，座位周邊的所有物品皆要清空收妥，因此我馬上向客人提出了必須先將鐵壺收回內場的要求。

「收什麼收?叫妳們座艙長過來。」客人卻突然咆哮一句。我前進到一半的右手也瞬時僵在半空，不敢踰矩。我被罵得一頭霧水，還想再與他解釋，卻見他更嚴厲的目光，還一手護著他的茶壺，只好摸摸鼻子退開，去找學姐求救。

座艙長學姐很快便來了。我一邊執行區域其他空間的安全檢查，一邊偷眼看客人與座艙長的互動。沒想到學姐一來，客人倒是客氣地讓學姐收走他的茶壺。我親眼看著這上氣不接下氣的一幕，心口被堵得窒礙，完全無法理解自己究竟做錯了什麼，要遭到客人這樣無理的對待。

起飛後，在商務艙的服務即將結束前夕，我被學姐指派到經濟艙幫忙。那時經濟艙的服務也進行到了尾聲，我過去的時候，她們已經推出全空的餐車，要收拾客人吃完的餐盤。我見狀旋即加入某一台餐車的行動，打開一邊的餐車門，和另一頭的學妹一起收餐。或許是因為在起飛前被鐵壺先生咆哮了一句，那之後我的動作總難以俐落，像是有人拿把鐵鉗拴緊了位於我身體中心的彈簧一樣，一直有種舒展不開的感覺。

我蹲在地上，眼睛平視客人的餐桌，好方便先將餐車下層收妥。沒想到才抓起第四個還第五個餐盤，我就不慎手一揮，翻倒了餐盤上的一個小菜碟。那道小菜大約只被用了一、兩口，剩餘還很多，但為求做餐動作迅速，我們早已習慣了在許多細節得過且過，所以直接徒手就抓起那散落在地的涼拌食材，畢竟在飛機這樣浮在半空的「交通工具」上，要實現像地面「餐廳」那樣的內容，本就有其地理空間上的限制，誰都不能說要去山上看鯨魚、去海裡看猩猩的。

那時我的公司尚未通過在空服員收拾客人用完餐盤時可以戴上免洗手套的政策。雖然基於衛生考量，我們曾多次向公司提出訴願請求，但公司皆以「再決議」延宕推拖。直至公司成立了二十多年後，才大發慈悲地批准通過「可戴套」這項主管美意。所以我的手就是光溜溜地碰在了那坨菜上，三兩下聚攏抓起，夾娃娃般將剩菜丟回餐盤上，再塞進餐車裡。

就在我不以為意地要繼續收拾下一個餐盤時，一張紙巾遞了過來，飄然出現在我眼前，然後繼續往下，覆蓋在我那雙已然玷污的雙手，溫暖又心疼地包覆擦拭著，像不畏孩兒穢物的母親。我抬眼，正是那位餐盤小菜被我翻倒在地的小姐，樣貌看上去不比我大上幾歲，卻溫柔得沒有一絲輕狂。

我趕緊接過小姐手上的紙巾，深怕她的雙手也沾染上我的髒污，囫圇擦過、匆忙道謝，就被時間推擠著向前，伸手向下一個用完的餐盤。

那是一趟時間非常緊迫的上海來回班，在飛機上的我遲遲無法思索濃縮在三小時、一架飛機內的兩樣人情世故，只覺得心裡震盪再震盪，跟著飛機 touch down 瞬間的晃動共振，才能理出一些生而為人的頭緒。在對金錢、階級崇拜的現代社會，如果我看見的只是金玉其外的表象，而無法深入探索其中價值，我永遠只會是社會潛規則的魁儡，我會倉皇於自己的無能為力、奸猾地只想著如何一步登天，以為社會價值永遠大於心理價值。

人要怎樣活著才能心安理得呢？身為一個中庸之人，穿梭在簾子的兩側，我不能否認自己在看著商務艙客人容光煥發悠閒據在自己空間內的時候，內心有多少的羨慕及盤算，算著自己大概是一輩子都無法靠著自己的能力這樣搭飛機，如果我就只是一個空服員的話。但有時看著歐美背包客腳上穿著拖鞋，將一雙覆滿污泥的球鞋掛在包包兩側，滿面風霜蹣跚步入機艙，又會好想知道他們這趟定是肩頸痠痛的旅程為他們扛回多少故事，然後又想拋下我虛偽的妝容，奔向不可預期的自由。

簾子拉拉闔闔不下萬次，每次拉開都是一陣浪濤，有人選擇勇敢地迎向浪頭，去做些什麼撫平自己心裡的海；大多數人選擇麻痺、隨波逐流，成為隨視聽觀眾變換臉色的小丑。我很感謝那位善良的小姐，甚至在那天回家後還寫下一篇主旨為「態度決定高度」的文章，放在網路上，闡述所謂態度決定高度，指的是個人的態度如何決定你在他人心裡的高度。可是若我在他人的心裡高度很高了，自己卻還是個窮光蛋怎麼辦？這樣我是不是當個被世界恨透的有錢人比較好？

當然事情沒有這麼兩極，能夠秉持好自己的良心便好。我只是不願金錢可以交換走我心裡頭最為珍貴的一點什麼，可是每每拉扯著都覺得吃力。我不是真正仇富、也不是真正坦然於平凡。現在回頭再看那篇文章，發覺幼稚的自己單單挑出那樣極端的兩件事來書寫也是對於人的整體性極為不公平的，畢竟自己就存在著那麼多的矛盾，他人又何嘗不是。

我無法要求客人們該有怎樣的態度才是一位良好的旅客，我連教會小狗握手的經驗都沒有了，更何況是人；更無法要求自己每日張眼能撞見怎樣的緣分，就像我無法操控天氣，還只會害地球暖化一樣。我只能求自己，努力做到在簾裡簾外一視同仁，不驕不矜、不卑不亢。希望自己在遇到棘手的事件時不會只是皺著眉苦笑，希望每日流經我眼前的都能在我心裡轉化成一股善的力量，然後如果這股力量還能為我帶來一點實質的利益就更好了，哈。

## 空服員式的愛情：機長、鑽卡、遠距離

和有女友的男朋友正式交往後，我終於實現願望成了他的唯一。當他出門在外，人們問起關於他「女友」的近況以後，他也不需在心裡分別能說及不能說的，自始至終就都是我一人了。

為了讓他有與我交往很「值回票價」的感覺，在該有的溫柔體貼、敦親睦鄰之外，身為空服員不免要利用一些職務之便，更彰顯我的「划算」。最直觀也最簡便的一件事，便是國際宅急便。我會從所飛的國家搜羅所有珍稀有趣的東西，吃的、喝的、玩的、生活用品……一應俱全，讓他實在感覺我的好及特別，也讓我能證明自己的好及特別。

我們大多相信「相由心生」，相信一個人的所作所為是心靈的表徵，所以我們往往

本末倒置地去經營許多外顯的事物，企圖讓他人認為我們的立意良善、全心付出。我這一代人很流行美國的青少年品牌 Abercrombie & Fitch，尤其台灣沒有專櫃直營，在物以稀為貴的作用下，男生能穿上一件麋鹿牌的貼身棉T，在一般民眾眼裡，多少有點質感昇華。成為空服員之後，在大多數人欣羨的眼光下，我總也感覺自己騰雲駕霧。因此我的男人即便在實際上沒有與我相稱的身分地位，我也希望別人能認為我們是與眾不同的一對，即使相愛只是我們自己的事。因此我最常買給他的東西就是這個品牌的衣褲，幾乎每個月飛美國都要到 Mall 去大肆血拼一番，裝飾聖誕樹似的妝點我的男人。

許多空服員都是這樣，往往一個大行李箱除了盥洗用品、換洗衣物以外，裝滿的都不是自己的東西。都是為愛侶、家人、朋友帶回來的「愛心」。法國的馬卡龍、日本的痠痛貼布，甚至一杯路邊攤最道地的泰式奶茶，都能一滴不漏地用保溫杯裝回來。這樣的付出便是我們這個職業能力展示最直白的方式，像每年國慶的軍力展演，戰機升空翻騰，機尾噴出的滾滾彩煙。

世間男子追求空服員，應該都是為了其所背負的刻板印象，該是身材高挑、面容美麗、氣質高雅、英文很溜、具備國際視野，得妻如此，夫復何求？一種刻板印象得以形成，當然有其強大的文化底蘊曾經長時間運作，不過若是只用這幾種特質就想一竿子打翻一飛機空服員也是極其不理智的事，雖然所有空服員包括在下我本人都非常希望別人如此認為。但不是說仙女就不會劈腿、當小三、離婚，希臘神話中的諸神即使力量強大，個個都還是擁有與人間一般的愛慾情仇。我在刻板印象的堡壘裡，依舊搶了男友，然後繼續用刻板印象試圖讓我們看起來很幸福，這是我的愛情故事，包覆在空服員羽翼下產生的畸戀。

我們曾經度過一段很幸福的日子，我是他的驕傲，我可以從他向朋友介紹我的時候深深感覺出來。年輕時候的我，奉愛情為圭臬，自己的職業可以給男人做這麼大的面子，我也與有榮焉，更感覺自己不可一世。但人類的自尊與驕傲永遠敵不過老天的幽默，我們的感情可以說是成也 A&F，敗也 A&F。我買了很多此牌的衣服給他，除了顯著的面子關係外，隱藏在背後的心思是：我想將他改造成自己想要的男人。

我的這位前男友有自己的時尚品味，剛好是我所不喜的。我喜歡男生穿簡單乾淨的T恤、襯衫，不要太多花樣、太多顏色。前男友相貌堂堂、濃眉大眼，很受女生歡迎。我雖然很喜歡他，卻總是無法忍受他過於花俏的穿搭。為了改變他、也為了不要令他感覺羞辱傷他的心，我選擇了一個好聽的說法：「以後我幫你買衣服好不好？」

「為什麼？」男友疑惑。

「因為我知道你賺錢很辛苦，可是其實男生的衣服在美國買很便宜啊，我每個月飛，幫你買個幾件回來，也順便幫你省錢嘛。」這樣裹了蜜的謊言，令男友在某種層次上答應了我的改造計畫。

不過或許是因為我的居心不良，這顆披著糖衣的毒藥竟成了反噬我們情感的開頭。我在和他正式交往一年多以後，雖是成功改造了他的服裝品味，卻令他食髓知味，開始自己要求我飛出國時替他買這、買那，甚至在我對他的情感稍微冷淡，不那麼常替他買衣服以後，還會抱怨：「好久沒有新衣服了。」

我在學生時代與他相識，情感延續到出社會之後進而相戀。兒時的我認為一旦真的喜歡了就要負起全責，至死不渝才可。少時的情緒火熱濃烈，也確實可以燒得自己想像不到一生以外的事。或許是隨著年紀的增長，我們本來就會開始比較自私地算計、保留，甚至裝演什麼；或許是空服員這個圈子本來就有種金玉其外的氛圍。當我和他的愛情趨於平穩，我再仔細觀察身邊的人的生活並比較自己的，然後逐漸發覺男友的經濟無力、思想無力及行為無力以後，我竟也違背自己的誓言對他倦了、膩了。

男友大我六歲，薪水約略是我的一半，甚至更少。每個月我要先替他繳房租他再還我，並需要替他負擔一部分生活費，因為他的發薪日在他的交租日之後；他雖然也常嚷嚷著要賺大錢什麼的，但關於這部分的努力卻多靠求神問卜與賭博，放假在家沒有朋友約時，也多在打電動。感覺生活不如意就喝酒，喝醉了好一點的情況是睡在路邊，身上財物被路過的有心人士洗劫一空；壞一點的情況是毆打路人讓我去低聲下氣道歉求情，並包紅包給對方，讓對方不要報警、私下和解。

我愛他沒錯，但這卻不是我愛的戀愛模式。我跟他無事時相處雖然愉快，但我逐漸能感覺到生活的天秤就要將我壓垮，我必須很努力、很小心、很付出，才有辦法讓我們維持一個平衡。

可笑的是，在我付出了幾乎是所有以後，才發覺我其實不想當付出那麼多的人。反觀其他空服員的戀愛，因著社會地位的提升，除了有些從學生時代就穩定交往許久的人，還是和原本的情人共結連理以外，其他人幾乎都在做了空服員以後，和客觀條件更好的對象結合了。

所以我在和他交往的後期開始劈腿，和能力更好的男人約會。夢迴原點，竟像種惡得惡的循環似的，劈腿者人恆劈之。然後他說了那句：「好久沒有新衣服了。」

我才被別的男人用一客萬元的頂級和牛餵養，再聽見他這句無賴的半撒嬌半抱怨，雖然沒有別人看見，我卻為自己感到丟臉羞恥得像是被人在大庭廣眾下甩了一巴掌，可以瞬間放棄所有已付出的也討不回的情感與利益。

所以我和他分手了。

看到這裡，我想所有人都會直覺在心裡鼓掌叫好，然後有些鄙視似的嘟囔一句：「空服員就是愛慕虛榮。」關於這點，我不想承認也不願否認。待在這個圈子將近我三分之一個人生，我不得不說，有人在這樣的光環照耀下，依舊保持自我，不為名利所動，且正直正義得令人動容；但我前面也說過，一種刻板印象得以形成，必然有其強大的文化底蘊曾經長時間運作。為何我們長久以來給人的觀感不是勤儉持家而是愛慕虛榮，只能說群體之中的濫竽絕對不在少數，才有辦法眾口鑠金。

而亞洲人關於婚姻大事，長久以來但求一個門當戶對。在資本主義社會運作下，階級上下基本可以靠「勤奮努力」自由移動，所謂「門戶」，就不再只有士農工商、不僅是家庭背景，職業會是婚配市場中的第一個顯目抬頭。隱藏在職業背後的，一是社會地位觀感（拿手術刀還是屠刀）、二是收入高低、三是特殊才華（歌手很會唱歌、交易員很會投資股票）。當我的職業給人的社會地位觀感不錯，同時我的收入也過得去，然後如果長得漂亮也算是一種才華的話，那麼我也好像有點才藝可以展現，我自然會希望我的伴侶至少要能與我平起平坐；而人又大多有力爭上游之心，女人即便從小沒有被教育要出人頭地，至少會被叮囑一定要找個好男人嫁了。我若是能憑我的一己之力，勾搭上地位在我之上的男人，將自己上抬一階，也是一種軟實力。愛慕虛榮就算是欲加之罪，但難保說者若是在我的職業欄裡不會不做同樣的事，或是在他們自己的職業欄裡也有著同樣的心思。

我在同溫層的豢養下，多少也開始有些這類思維。而且畢竟也真的有社經地位更好的男人在追求著，「愛」在愛情遊戲裡反而有些退居幕後，對方的綜合能力開始居於主流。

撇除一般有錢人不談，在這裡我想特別拉出兩個我的職業尤其會碰到，且符合空服員價值觀的對象：機長和鑽卡。

我自己沒有與這兩類人切身交手的經驗，但學姐學妹之間的鄉野傳說很多，信手捻來都是故事，我也不想高舉道德正義的大旗，大喊：「我們就是不愛錢。」應該說，這個世上沒有人不愛錢。由於我工作的航空公司是世界上少數僅收女性空服員的航空公司，因此我們的陽氣來源很自然地就會流轉到大多由男性擔當的機長，以及男性乘客身上。

曾經看過一篇報導，機師是所有專業受薪階層中，平均薪資最高的職業。我的公司雖然並不鼓勵我們探聽同事之間的薪水，但多少還是會在流言蜚語間了解彼此行情。據我所知，我們公司的新進機師一般起薪約是二十萬新台幣上下，而這只是菜鳥機師的薪水，資深大機長的薪資水平更是高深莫測，一年不吃不喝應該可以買得起一塊農地。再加上我們公司傳統向來重男輕女，一般福利大多是機師優於空服。且由於沒有招收男性空服員，機師又大多是男性（近年來女性機師有大增的趨勢），男女比例嚴重失調，空服員們在環境沒有太多選擇之下，很容易就將眼光鎖定在容易瞄準的地方。

時常聽見有同事積極想要認識機師的故事，若有聽見誰在與機師曖昧、交往甚至結為連理，即便嘴上不說，我們大多也會投以欣羨目光。

和機師交往的確好處多多，這個職業的社會地位觀感優，若是無太多不良嗜好，收入可以在開發中國家的台灣活得沒有憂慮，在已開發國家中也能算是中產之列；在男人會開車已經是生存必備技能不值得拿來一提的現代社會，會開飛機就硬生生是帥到爆棚的事。

綜合上述三點，加上身處在一個僧多粥少的環境，可以突圍而出獲得機師青睞，就更有一種黃袍加身的榮耀之感。

但基於陰陽調和，有好就會有壞。我時常有些無奈好笑地覺得由於本公司飛航組員男女比例嚴重不均，又不樂於替員工解決生物需求（聽說花航的職福委員會會替空服員舉辦和其他職業男性的聯誼活動），造成我們這群該是社會觀感中「人中之鳳」的女子，激發出「當兵兩三年，母豬賽貂蟬」的情緒。

誰是母豬呢？

在機師界中，如果本身長得好看，成為眾姐妹們追求的標的自然不在話下。但由於成為機師對這些男人來說也是翻轉階級的提升，再加上這個陰陽失調的環境作用，即便長得普通，甚至抱歉一點，都還比外面世界的男人容易揀到一些殘羹剩菜。

年輕的小機師若是心性較單純的，通常身上都還會有一些世俗禮教的影子，即便心裡想，也不太願意藉著職務之便沈淪於花花世界。如果捕獲這類機師，基本能過上一段比翼雙飛的甜蜜日子，可以見到男女雙方不是想盡辦法與人調班一起飛行，就是放假一起出國。更緊密的甚至是我跟飛妳、妳跟飛我，即便有一方在工作，另一方若是沒有班也要開張員工機票跟上對方的飛機一起來回。

若是心性較不定的，通常會在與空服交往後，以害怕公司圈子太小容易被八卦、擔心感情見光死為由，要求兩人在公司、在社交軟體保持低調，盡量不要教人發覺彼此關係。這樣的情侶也會有調班一起飛、放假一起出國或是跟飛彼此航班的舉動，但以我個人無法窺視全貌的不完整見解，通常是女方很艱辛地在配合對方班表。跟飛對方時若被機上認識的當班空服認出來，問及出國理由，也只能支支吾吾地說是自己一個人來「找朋友」，然後祈禱最好不要（或是最好要）在公司安排給機師與空服休息下榻的飯店讓其他人遇到，不然就等於是臉上寫著「此地無銀三百兩」了。

不過個人若是沒有持續修養、探索自己性格，僅是依著約定成俗的禮教在維繫自身的話，依著強大的環境作用力，也很容易在時光淬湅下，成為所謂渣男一枚。

我見過許多愛妻、愛子、愛自己的機師，即便在這樣充滿誘惑、容易迷失的環境下，也潔身自愛地高風亮節；卻同時也見過許多被「寵壞」了的機師，開外掛般同時與好幾個人有染，即使是已經有家庭的也不在少數。

由於我自己也曾經劈過腿、當過小三，無法義正嚴詞地說自己是多麼道德高尚的人，再加上經歷了這麼多年的人事，我多少對於社會禮俗與人性根本的失衡產生懷疑，因此我無法評論什麼，僅能就我所看見的現象與自己的感想進行敘述。那些恩愛的機師空服、美滿的家庭，就不用多談了。由於我的公司機師與空服間的各種不平均（男女比例、薪資水平），加上亞洲文化基本還留有男尊女卑的遺風，這種種作用下，的確令男性機師們容易三心二意。可是一個巴掌拍不響，要是女生抵死不從，這種現象也不易形成。

或許真的是愛到了、或許純粹是貪圖對方什麼，我的確也看過即便對方有家庭說什麼也不肯放手的女孩子，背負著小三的罵名也要愛下去；或是明知對方花名在外，也要堅持守住堡壘，即便沒有愛至少還有正宮地位。

我們無法以職業一概而論一個人的秉性、也不能說環境就會對一個人產生百分之百的影響，一切起心動念，都還是在個人而已。想偷吃的人，不論如何都還是可以偷吃；願意相信愛情的人，不論如何還是會在周身畫出幾道分寸。

所有選擇，但求心裡舒坦。希望所有人能找到自己最舒服的位置，不論外在世界如何令人迷惘。

機長或許是一個太稀有的選項，數量相對廣大了許多的男性乘客，遂也成為一個近水樓台的選擇。但我們和乘客非親非故的，要如何用一個比較客觀的數據了解對方呢？

每回飛行時的乘客名單便是一個很好的幫手。

我們在每趟飛行前的簡報除了進行安全知識相關的複習以外，座艙長亦會先行將重要乘客的訊息提供給所有組員，提醒大家在對這些貴賓進行服務時需特別注意服務手法及態度。雖然我的公司一再對組員們強調、宣導，我們在服務每位乘客時，必須秉持一致、公平的心態，千萬不能讓乘客產生心理差異。但事前特別叮嚀，卻又要我們當事時表現地無所分別，就像是要你不要想大象一樣，無非是違反生物本能的做法。

要怎麼樣在明明知道這個人是常飛的卡客的前提下，表現地讓卡客覺得自己很受航空公司禮遇之餘，其他乘客還能沒有一點心理不平衡，覺得自己是和卡客同等重要的貴賓？我工作了將近十個年頭，還真是摸不出箇中技巧。這樣的事先提醒只是一再地令人產生一種心理暗示：這些人不一樣。

因此空服員和客人結婚的例子雖有（但其實這樣的組合偏少數，不如一般大眾想像得多），但這位客人在和空服員結合以後的「客人」身分便會逐漸淡去，我們頂多只會說：「喔，他們是在機上認識的」，不會把老公是客人當作什麼特別的事。但若是這位客人是公司核發的卡客，大家談起這位老公時的口氣便會有些許不同。

我們公司核發的卡客有四個等級，其中以第一級的鑽卡，和第二級的金卡會在行前簡報時特別被座艙長點出，要大家注意。同理，若有人嫁的是這類人群，在被談論時也會被特別提出：「她老公是金鑽。」

由於要成為航空公司高級卡客的標準頗高，除了每年至少要飛到一定的里程數以外，所購買的機票還不能是折扣機票。由此可以推斷，高級卡客不論是自行出國遊玩，或是工作出差，其所擁有的身分地位都不會太低。會受到「愛慕虛榮」的空服員青睞也就不難想像了。

我自己沒有和卡客交往的經驗，但曾聽和卡客交往的學姐說過，自己常常需要配合時常到世界各地工作的男友的行程，極力換班、求班，以求在國外見面約會。但我們到了外站雖然還是算在工作時間內，實際上卻是在休息；可這些舉足輕重的卡客們就恰好和我們相反，在飛機上是休息，到了外地就是工作的開始，因此兩人通常只能夜裡在旅館相見。

「不過在飛機上工作的時候，看著你喜歡的人就一直陪在妳身邊，那種感覺也挺好的。」學姐道。

看著學姐甜滋滋的笑容，從來沒有被喜歡的男人跟飛過的我，心裡也多少產生一些欣羨之情。我想這個「在飛機上穿著合身制服、盤起頭髮、笑容優雅的空服員是我的女人」的想像畫面，不只很受用於男人，也同等地適用於女人。

能夠頻繁地出國工作，雖然不代表一定，但通常也指向了此人工作能力超群，且具備國際視野與語言能力。由此可見，在情感市場裡，其實大家追求與意淫的都是隱身在職業其後的東西，不是職業本身。那麼一個人究竟要努力追求的是某種職業，還是應該更直接地去追求其後的價值呢？

這樣的男人出國在外，偶有幾段豔情也是可以想像。那位學姐，其實也是一個小三。在機上因為被其他客人誤解，被坐在附近的那個男人目睹，遂私下告訴她若是被該乘客客訴，可以找他幫忙向公司解釋，他是鑽卡，向公司說的話應該會有幾分份量。

那趟到了外站，因為無聊，也因為一點好奇與感謝之情，學姐和他出門吃飯。異國的魅力不在美景、美食、美人，而在於陌生。人在接受刺激恐懼的時候，腦中會分泌出一種激素，叫做苯乙基胺，這亦是人一見鍾情時所分泌的激素。孤男寡女在有別於自己熟悉的地方，加上對對方職業曾有的想像意淫，很快就發展出了情感。他們會交換日程、班表，以求能最大值地在每一個國外見面。

不過異國約會雖然浪漫，奇怪之處卻也在此。學姐和男人幾乎沒有在台灣見過面。儘管出國時對她呵護異常，回台後卻幾乎行蹤成謎。感到百思不得其解的學姐，有了最直接的懷疑：他有別人。

隨著懷疑的小苗滋長，最後學姐終於問出了口，男人竟也不帶一點猶豫地承認：「我結婚了。」接下來便是千篇一律的「我和我太太關係不好」、「我根本不想碰她」一類的言詞。儘管對正妻有如此多負面評語，最後的結論依舊是「我沒有辦法跟她離婚」。

從震驚、氣憤、怨懟，到後來接受，並似乎樂於維持現況，我在那次偶然與學姐深聊過後，往後再見，就沒敢再多問她最新的感情狀態。

每個人有每個人的緣與怨；每個人有每個人的結與劫。基礎道德倫理僅是為我們的人生架構出幾條虛線，要想活得精彩，通常也要有膽將畫筆突出線條之外。我依舊衷心希望學姐能夠在這一輩子裡找到專屬於她的幸福；或是在這幅不甚成矩的圖像之下，自己能成為自己的伯樂，真正欣賞這有別於他人的美好。

從前若是知道男友即將出國深造、工作，通常大多會有戀情已死亡一半的不祥預感。畢竟現代科技尚未發展到可以將活生生的人體零時差長距離傳送的階段，交通所要付出的時間、金錢成本又不是一般平民老百姓可以擔負得起。若是宣稱在一起的兩個人，連面都見不太上，那還能算是在一起嗎？基於人性尋求陪伴與溫存的本能，我們很難僅依靠心心相印便維繫情感，所以在堅強之前我們通常會先悲觀。不過有著特殊職場的空服員們，雖然不到樂見其成，總也感覺比一般人多出幾分希望。

台人在傳統上傾向至美加發展，雖然近年來英國、澳洲、日本甚至新加坡、中國有後起之勢，但目前為止，據我感覺，依舊以美加為大宗。美國尤以紐約、洛杉磯、舊金山見長；加拿大則是多分佈在溫哥華與多倫多。

這些男友在國外的空服們，會為愛激發出不可思議的意志力，全盤接受公司的班表操弄，以求能與愛人見上一面。

每間航空公司的班表結構、時數計算及換班方式還有獎勵方案都甚有不同。我的公司在班表上給出的福利及鼓勵方式是，「連續全勤三個月，可以換得自行選取一個三個月後的航班資格」。雖然愛請假的人很多，同樣的在天秤另一端全勤的人也不少。在全勤的人當中，雖然不到全部，但我感覺至少有三分之一的人是為了「愛」而全勤的。前面的章節提到，有很多人愛請假、當了空服員卻不想離開台灣，是因為不希望班表的不規律性，破壞了自己的某種情緒、依戀；相反的，「愛」這把雙面刃，卻也讓有另外一種需求的人，可以勉強自己去接受一些其實也不是那麼願意的事，比如去飛極早或極晚的紅眼班、乘客屬性瘋狂的航班（首爾、北京、巴黎）、有「鬼」的班……。

若是這樣的情侶最終修成正果，我們當然會拍手叫好，認為皇天不負苦心人，平素的付出值得；但若是最後分手了，多少會產生一點小尷尬，因為空服們為了愛人曾極力全勤、調班，在同事之間多少會生出一種「她都飛哪邊」的印象，之後若是再見，可能會以此為一個話題破冰。若是當事者回覆已經分手了的話，就算說者不在意，聽者也會有些不好意思。

即便是最後修成正果的例子，這樣的情侶也要面臨另一種考驗。

若是此男友在結束學業或是工作後會回到國內，通常問題較小一點；若是此男友就是一位定居在國外的人，空服在戀情成熟之際，需要做出的就會是較一般戀愛更為影響一生的決定：搬到外國，重新開始。

由於我的工作非常奇怪的一項特質是工作經驗無法累積，就算當過一間航空公司的空服員，考進另外一間航空公司後，還是必須歸零，重新開始受訓，而且過了某個曖昧不明的年紀以後，不再年輕貌美，基本就不會有航空公司還看中妳的經驗值，願意聘請妳來工作（除非是新的航空公司開航，急需有經驗的人力）。這樣的特質對於資方來說，或許能大幅降低人員流動，並塑造員工忠誠度；對於尋求穩定生活的人而言，可能也是很棒的型態。但我們大多在很年輕的時候就進入這個職場工作，對於自己的人生要追求什麼、要怎麼規劃通常都還一知半解，若是我的工作經驗無法累積、圈子外的人也不看重的話，身為一個空服員，過了一個「來不及了」的年紀以後，比較顯著可以實現人生價值的方法，好像除了相夫教子別無他法。

如果組織的家庭在台灣，有不少人會選擇繼續保留這份工作，為自己找到家庭以外的能力出口；但若是丈夫在國外，兩個人會選擇結婚是因為想要最大程度地交疊彼此人生，通常有一方就必須得放棄原生環境，去適應遷就另一個人。而這個人，絕大多數是女方。女方到了國外後，若沒有空服以外的生存技能，就僅能依靠丈夫的經濟與愛來支撐自己的生活。若是兩人互敬互重、鶼鰈情深，那麼這個章節也沒有寫下去的理由。但大抵來講，結婚以後的問題會比交往的時候多、生了小孩以後的問題會比沒小孩嚴重。如果還要加上生活圈的變遷，人在心裡沒有依靠的時候，即便身處人來人往的地方，也會感到無比的寂寞。

我有一位嫁到美國的同事，我認為她的例子值得所有嫁到遠方的人妻借鏡。

這位同事是我同期進公司的同梯中前幾名結婚的。除了和老公的情感穩定之外，老公年紀較大所以想要快點組織家庭、並且認為兩人若要持續下去，一直分隔兩地不是辦法，都是促成他們走向人生另一階段的理由（請注意我說的是「另」一階段，不是「下」一階段。我認為婚姻不是人生必然的進程，只是一種選項）。

剛嫁過去的時候，同事很想生小孩。畢竟丈夫的經濟狀況許可，還有傳宗接代的隱形壓力，都在在令她覺得自己非生一個孩子不可。但隱藏在這之後，關乎她自己更直接的理由是，她很無聊。

從前每天都被工作綁縛的時候，只想不要上班、不要受人指使、每天躺著吃喝玩樂該有多好，但真正過起這樣的清閒日子（同事的老公待她很好，即便不到「貴婦」程度，也是令人欣羨地綽綽有餘了），倒發覺起自己的無力及無所適從。殊不知，無聊和忙碌相比，雖不到即刻致命，卻也是個慢性殺手，一點一滴地消耗吞噬自己的靈魂。而這是從前的她從未想過，更從未發覺的。

一個女人的一生，前半段是原生家庭的、是學校與成績的；中間短短的一段，看似可以為自己的精彩大展身手之際，又發覺了社會的奸險、階級的現實；與老公相結合的時候，她衷心感念老天的眷顧，讓她可以找到一個令她安身的港灣，此生可以不再飄泊奮鬥，自己的生命也有了答案。

不料，她在答案之中也產生了疑惑，所以她決定去參考看看其他像她這樣的人是怎麼過的。

她很快就和其他一樣嫁到這個地方的公司學姐妹聯絡上，並發覺為數不少。畢竟這是一個富庶安逸的城市，就算不是為了婚姻，很多人也會樂意來這個地方開拓人生。空服姐妹的聚會大多在平日下午舉行，因為大多數人的週末都要留給老公小孩。只有平日下午，送完老公小孩上班上課，家事也進行得差不多之後，才能在他們回家又是一場混戰之前偷一點閒。

剛開始的幾次，她總是很期待聚會，因為她終於在這個尚且陌生的環境找到一點歸屬感，不論是有相同的背景經驗、還是相同的語言，都在在令她產生同溫層的舒適，也令她發覺：她是這場人生遊戲的勝利者。

她們這群人，光是當過空服員這件事就夠叫人羨慕的了。之後還因為職務之便嫁到了國外，還不是那種很落後的國外，而真真是光聽地名就教人隱約明白其夫家實力的國外。自己年紀尚輕、老公又疼自己，說穿了就像是榮寵正盛的妃子，不過是生活無聊一點，還真是沒什麼好埋怨的。

但再過了一段時間，她卻發覺自己又開始感到無聊，而且是對「空服聚會」本身感到無聊。空服聚會有個模式，就是大家一定是選東西不見得便宜好吃但裝潢很漂亮的地方見面，因為要拍照（但有時也會純粹去東西好吃的地方，當然也是為了拍照）；除了聊老公、聊小孩、抱怨公婆之外，她居然可以在每次的聚會上，聽到來自十萬八千里之外的前公司大小八卦、最新公告、人事異動，因為有人還頻繁地與會飛過來的前同事聯繫，積極地「更新」著這些資訊。這點令她感到無所適從。

大家嫁過來不就是為了要擺脫前公司的束縛，並開展新人生嗎？為什麼即使換了一個如此遙遠的地點，大家的生活還和從前那麼地相似？

還有更可怕的一點是，她發覺很多人也不是很積極地學習當地語言。能夠當空服員的大抵有基本外語能力，但要說所有空服員都能使用外語與人對答如流，我相信至少在我的公司，絕大多數的空服員都是做不到的。而她們即便來到這個環境，卻因為還是只與說中文的人交流，甚至是只與空服員交流，所以所有可以在這個地方獲得的更好的資源都被浪費掉。大家還是只想當空服員，只要有老公小孩就夠。

如果這些人皆婚姻生活美滿也就罷了。但來了一陣子，也從他人口中的閒言閒語裡得知，不盡然大家都十分滿意自己的婚姻。問題大點的就是老公有小三（或是自己有小王）、結婚後才發現老公有某種自己完全無法接受的性格、與公婆極度不合……；問題小點的就是沒有性生活、每次伸手向老公要家用感覺羞辱、與丈夫（或公婆）對孩子的教養觀念不同……。這些人生浮世繪從來都沒有因為一份工作、一段婚姻、一個地點轉換迎刃而解，大家感覺都還是頭痛醫頭、腳痛醫腳，再群聚在一起尋求慰藉（卻不是解方）。

不過這之中卻有一位較少出現的學姐，令她感覺不同，遂自己私下與對方聯繫。這個不同光看表面很直觀，便是學姐是這之中唯一有全職工作的人（這也是學姐較少出現的理由）。從前的她只知道工作令人拖磨，找到相愛的人結婚並且經濟無虞才是通往幸福的唯一道路。卻不想學姐卻因為工作而比其他沒有工作的媽媽太太們看起來耀眼，她亟欲想知道為什麼。

學姐說她剛嫁到這裡的時候也是一樣，覺著人生就是這樣了，已經找到所謂意義與答案，畢竟一個女人若是沒有相夫教子要子宮與陰道幹嘛。她並不是觀念很傳統的那種女人，卻也有些被丈夫的經濟能力及自己的懶散給束縛了。嫁過來之後，還在享受「好日子」，就很快懷了孕，然後小孩接二連三地出生，她盡了她做為雌性生物的本分，卻忘了自己也是一個「人」。孩子稍大些，都到了能上學的時候，她的生活輕鬆了點，卻也空虛了點，可是她還以為她要的不就是這種懈怠、這樣的「好日子」嗎？

當然也有人將全職媽媽做得極好。她自認問心無愧，卻也總是比上不足比下有餘。

有一種解法是將「媽媽」的工作再做到盡善盡美，可是她隱隱知道她不想。她不是不愛孩子，但也認為自己給他們的已經足夠。總得來說，她發覺「母親」或許不是身為女人的天職，女人僅是擁有生產工具，卻不見得一定只能是「媽媽」。

她將自己的疑惑告訴了丈夫。幸而丈夫是一個非常開明與支持的男人，丈夫也鼓勵她再去做點什麼，不過礙於現實，非土生土長的華人要能找到與原生土地沒有一點連結的工作有些困難；與過去有關的工作又多少有些貶抑色彩。若想在此地有較迅速的起步，最好的方法便是去念書，考取和其他本地人同等資格的證照，至少在能力上先獲得認可，才有接下來的可能。畢竟書是死的，怎麼樣都較外頭詭譎的社會好應付。

學姐在丈夫的建議下，開始準備與自己大學主修科目相關的證照考試。雖然年輕時讀過，但年代久遠又全部變成外文，媽媽更愛自嘲自己在生產時將記憶力與胎盤留在產檯上，所有條件都讓她備感艱辛。不過走進過所謂「人生解答」裡之後，發覺答案或許不過就是懸吊在馬前的一根蘿蔔，是必須一直跑動起來去追逐才有其意義，停下腳步便什麼都沒有，她更明白自己不能鬆懈。這或許是她最後一次有辦法一鼓作氣的機會。

「這一切當然不是那麼順利、我也不是一次就考過所有考試。拿到證書之後還要面試、重新適應職場環境、和本地人競爭，當然家庭也要繼續兼顧。可是到了現在，除了家庭之外，我還有另一個發揮自己能力的空間、自己的朋友圈，更重要的是，有自己的薪水，妳知道那種感覺有多爽嗎！」學姐向同學道：「妳知道我們家也沒有缺錢，但就是那種，有完全屬於自己的東西的感覺，很讚。」

同學明白學姐的熠熠生輝絕對不是狐假虎威，不是那種空服界中一貫的穿金戴銀、名牌加持營造出來的華美形象，內裡卻有許多說不出的淒涼。幾次和學姐的談話在她心裡投入一顆種子。反正也是生不出孩子，丈夫工作也忙，無法時常陪她吃喝玩樂，那就自己替自己找點樂子吧。

同學後來去報名了社區大學，開始修習她一直都抱有興趣的商業管理。會選擇從大學開始唸，而不是直接唸碩士，有比較現實的因素是以自己目前的能力尚難以和本地人競爭，也有比較自我的因素是她真的想要在當地建立屬於自己的生活圈，不只是老公、老公的朋友、從前的空服姐妹。雖然大學裡的所有的朋友都至少小她三至五歲，她卻發覺這是她嫁來這裡之後做過最超值的一個打算。

同學年過三十歲，當過空服員，念了兩次大學，目前正在第二職場實習。願意走出婚姻框架、願意重頭來過，她的亞洲經驗反而成為她職場的利多，不是卑微的拖累。上次她回國時我們見面她告訴我，她正和老公協商要不要再避孕一陣子，她想先等到自己的事業穩定了再懷孕也不遲。看著她活力四射的面容，我一點都感覺不到她的卵子正在老去。我反而覺得她未來一定會是非常棒的媽媽。一個無愧於自己的人，做什麼都是附加。孩子當然更不是為了填補自己的缺憾，而是真正的幸運、真正的祝福。

為了不要令人感覺空服員都是愛慕虛榮，我想再講一個學妹的故事。

初見她時，我感覺這位學妹氣場挺勢利，應該不是個好惹的。我在心裡嘀咕著幸好我是她學姐，多少可以鎮住她幾分霸氣。但實際相處後，反而發覺她討喜、愛開玩笑的幽默性格，遂默默在心裡欣賞著她，有機會和她一起飛時都會挺開心。

學妹在擔任商務艙空服員的時候，有次載到一位男客人，剛好坐在她服務的區域。行前簡報之際，學妹就記下了這位客人的名字，因為他是金卡。上機後、接待時，發覺對方竟還很年輕，不禁產生一些好奇，想著也許是常搭機用哩程數升等的吧。畢竟金卡、商務艙、年輕男性，這幾個條件要同時湊在一起不容易，更何況對方搭的還是長程航線，沒有十幾萬是搭不起的。

看他外表還像個屁孩，服務過程中也發覺他並不高傲，甚至會和她瞎聊兩句，雖是金卡貴賓，她也放鬆了一些謹慎姿態，多少與他玩笑起來。

在機長廣播準備下降之後，學妹為了收拾客人桌上剩餘物品，再次走經他身側，視線交錯的同時，他叫住了她：「可以跟妳要聯絡方式嗎？」

學妹有些驚訝，但也見怪不怪（又不是沒被客人搭訕過），好整以暇笑著回答：「我不給客人電話喔。」

屁孩嘟囔了幾句小氣誒之類的，學妹便藉故飄走。後來下機送客，屁孩走經過她，又大著膽再問了一次：「真的不給喔？」學妹只是點頭微笑，道：「謝謝再見。」屁孩才放棄，悻悻然離開了機艙。

接連被拒絕了兩次，大部分人應該都會有些氣餒，難以迅速再次提起勇氣。也許因為初生之犢不怕虎、也許純粹因為屁孩就是白目。過沒幾日，學妹便在社群軟體上發現了屁孩的交友邀請通知。見著當下，心裡自然是有些得意，但更多的感覺是好笑，隨後便刪除了那筆交友邀請，當作船過水無痕、下機即下班。

月餘，學妹飛了一趟洛杉磯。才登機在迎賓，便碰上一個熟悉的身影朝她走來，心底愈發有些尷尬，但想來自己從來也不是會怕的那種女孩子，遂更理直氣壯當面迎上，如常道：「歡迎登機。」用專業的形象來為彼此拉開一點隱形的距離。對方也不是笨蛋，從她的語氣就發覺她並不是真忘了他，只是故意，所以直接回了：「我們真有緣耶。」

學妹不答話，裝忙將眼神鎖定魚貫走入的其他乘客，行禮如儀。

「都遇見第二次了，應該可以加好友了吧？」屁孩竟湊近她，在她耳邊道。

二面之緣，的確生了些熟悉，而且對方也不是真的那麼討人厭。都說要「惜緣」，學妹轉念一想，最後還是和對方交換了聯絡方式。

那晚到了洛杉磯，才進飯店連上網路，屁孩就傳了訊息進來：「餓不餓？要不要吃東西？」

「我很累，不想出去，你願意送來可以吃。」學妹回。

不出一個鐘頭，學妹便聽見敲門聲。開門，亮在眼前的是美國西岸的著名速食 in n out，再後頭是屁孩有些得意的微笑。

「謝謝。」學妹接過畫著紅黃棕梠樹的白色紙袋，旋即一手扶在門上，又道：「晚安。」然後一用力，將門帶上。屁孩在門要關上之際拍開了迎來的門板，喊道：「不請我進去坐嗎？」

「我只說你可以送吃的來，沒說你可以進來坐。」學妹回完，又將門關上。這次屁孩慢了一步，只能碰得一鼻子灰離開。

該說是學妹魅力太強，還是愈得不到愈想要？屁孩在吃了關門羹、讓學妹吃了 in n out 之後，依舊熱力不減，時常傳訊息來噓寒問暖、問她什麼時候會飛 LA。洛杉磯可以說是我們公司所有航線中班次最頻繁的一個城市，我們空服員自己都會戲稱洛杉磯與班次第二多的舊金山為「月經班」。意指就算不特別申請、就算不想要，每個月都還是會來一次，和女孩子的月事一樣。在認識了屁孩之後，學妹當然不只一次飛去了洛杉磯，卻因為對他沒有特別的心思，大抵會隱瞞自己其實人就在這裡的事實。

一次，學妹被抓飛洛杉磯，屁孩又傳來訊息，令她被抓飛得有些措手不及的心情得到一些溫暖，便誠實告知了自己也在此地，讓他來接她去吃東西。

才出飯店，便看見一輛嶄新的德國寶馬雙人座小跑車。而屁孩站在車邊，烤漆光鮮的亮度映襯著他年輕的臉龐，有種說不出的奇異與諧和。沒想到這個在她眼裡就是幼稚、實際年齡也比她小的男孩，居然還真的是富二代。她看不慣這種過度幸運包覆之下的天真與單純（可以如此坦然地炫富，但好像也不是故意的），卻也不討厭這個人，只能把這種複雜心情統籌為一種和平的奇怪。

那晚，屁孩不僅帶她去吃了晚餐，還加碼似的載她兜了一圈加州有別於白日的寧靜的夜。所有進入洛杉磯 Tom Bradley 國際機場的旅客，在出關第一刻，便會見到幾幀巨幅照片，有因為電影飯飯之交（No Strings Attached）而著名的 Urban Light、有幾個年輕人倚著衝浪板站在沙灘上、有大名鼎鼎的 Hollywood Sigh……。還有一幀照片，是一輛敞篷跑車奔馳在筆直寬敞的海邊公路。飛過不下三十次的洛杉磯，去過幾個所謂必去景點、去過環球影城與迪士尼，但所有曾經想像過的加州風情，在去過現場之後，竟也是只能留存在相片表面豔麗的色彩之中，難以深刻地刺進自己心底的風情畫。不過，此刻坐在屁孩的車上，聽他百般聊賴地講起南加大（USC）的校園生活，邊熟練地操作方向盤左右橫越在這片太適合開車的大地上，背離市區拔地而起的幾座閃亮大廈，加州的感覺竟鑽進她的感官之中，還隨著愈發加快的車速令她微微興奮。

「妳到底喜歡怎麼樣的男生？」講完了自己的生活，屁孩突地問。

「看感覺啊，感覺對了就喜歡囉。」學妹籠統回答。畢竟戀愛這種事一旦能求個具體、少了神祕，其吸引人的特質也就去了大半。

「那有錢的好不好？」屁孩又問。

「好啊。」

「年紀比妳小的可不可以？」

「可以。」

屁孩手心微微涔汗，下意識地更握緊了方向盤。

在雙方一陣沉默之後，屁孩突然轉頭，道：「那妳左邊就有一個，妳為什麼不要？」

學妹只是大笑，叫道：「專心開車啦！」便終結了話題。

學妹單身很久了，即便追求者不少、即便寂寞，也堅持著自己愛情的純度，不願世俗的什麼奪去了願意瘋狂的善良。她的確喜歡那晚過份完美、金碧輝煌的加州風情，但這種喜歡制約於太多外在因素，那不是她追求的本質。

抹去職業過後，作為一個個人，愛情的般配就很單純的剩下能不能令彼此幸福一輩子而已。畢竟最終，我們還是只能做回自己。

我看過許多空服員的婚紗照都喜歡穿著制服拍一組。每每看見，我總會情不自禁地想：希望你們的愛情只是愛情，不只因為妳是空服員。

# 學姐

歷史學家亨利．亞當斯（Henry Adams）曾說：「權力是一種惡性腫瘤，終將扼殺受害者的同情心。」

我想這句話會是公司內所有空服學妹們的心情寫照。在學妹的眼裡，「學姐」的確是一種毫無同情心、驕傲、剛愎自用又愚蠢的生物。她們眼裡只看得見自己想看見的（通常是學妹的缺失），卻看不見也許自己也有極大的盲點、自己或許不是做得最好；也不見民間疾苦，總將標準訂在一些常人無法企及的高度，還沾沾自喜於學妹們的無法回嘴及無力反擊。

當然不是所有的學姐都是這樣的。以我自己的經驗，我感覺自己遇上「鬼」學姐的機率大約是百分之二十至三十，中間的十％差距，可能就要看我那個月水星有沒有逆行

（開玩笑）。有鑒於我從來就不是對這份工作十分上心的女子，有這樣高比例的厄運，我多少也是抱持一笑置之的態度，只力求工作時不愧對自己的心便好。

作為一間僅收女性空服員的航空公司，再加上我的公司初開航之際的員工訓練是委託某日本航空公司代為執行，承襲日式風格的階級禮儀嚴明，空服員間後宮般的明爭暗鬥可想而知。這樣的公司文化的確養出了一批「死忠」員工，卻也造成臨陣退縮的比例大增。每每那些令人聞風喪膽的「鬼」學姐們出巡之際（而且「鬼」學姐天下無敵，幾乎個個全勤到不行），都要令該航班的飛行組員不斷大風吹，調派部門抓飛至手軟。

曾經聽聞某趟神鬼奇航，一架飛機上班表一出，就熱騰騰地奉送兩位鬼學姐在同一航班服勤。那天該班原始組員請假請光已是可預見之勢，就連當天待命的組員一接到風聲也請假請了個見底朝天。由於航班抓飛職級可以「上往下抓」，就是比如說若我是商務艙空服員，我可以被彈性派遣至某趟航班去做經濟艙空服員的工作（但薪水是依原職級標準計算，因此此舉容易造成公司多餘財務支出，調派部門基本不會這麼幹），因為我的確受過經濟艙空服員的訓練、也有經驗。最後該航班居然出現五位座艙長、三位副座艙長同時服勤，因為貨真價實的底下妹子已抓飛不到人力，只好自更高的職級抓人來飛（正常我的公司一架全滿的波音七七七客機之空服人力配置為：座艙長一位、副座艙長三位、商務艙空服員五位、經濟艙空服員五至六位）。

後來公司為了平衡這樣不正常的心因性人力波動，於二〇一六年公司大舉招募新人之際，正好找到藉口「拔擢」這些鬼學姐們榮升教官之職。有些學姐即便很喜歡線上飛行工作，不願至地面教學，也因著造就她們榮耀的階級分明的高壓，只能摸摸鼻子去做朝九晚五的上班族，重新熟稔熟悉所有空服員們一上線飛行之後最討厭的沉重學科內容。

當時公司此招一祭，不知大快多少人心。雖然也多少為一些心有不甘而被強拉至地面的學姐產生一些惻隱之心，但冤有頭債有主，我還是希望妳永遠不要回來，讓我多一天安生日子才好。

當然航空公司的組織龐大，「捉鬼」這種道聽塗說、沒有根據的民間傳奇不足以拿來作為升遷標準，更不可能公開空服教官的遴選資格為：「該員服勤航班之被請假率平均高於百分之五十」。不過在捉鬼捉得最為風聲鶴唳的期間，也曾聽說某些頗有自知之明的鬼學姐，為了害怕晉升教官，竟一反常態和藹安詳起來。也算是起到了符咒鎮宅的功效。

由於我的公司偏愛起用應屆大學畢業的女大學生作為空服員（不過二〇一〇年後因為人力短缺，遂也大量錄取非應屆畢業生），公司文化又走亞洲家族企業常見的中央集權、高壓封閉路線，正好無縫接軌我們十六年來被教導要尊師重道、唯唯諾諾的學校表現。因此即便我們對於這種上對下的體制心有不甘，嘴砲兩句以後，也就默默於潛意識接受了這樣的訓養（不過據我個人非組織性的訪問及觀察，其實非應屆畢業生的離職率較應屆畢業生更低，原因在於她們認為這份工作較外面世界大多數工作更能令人安身立命）。再加上社會價值對我們職業的幻想及哄抬，薪水也過得去，再不濟也能媳婦熬成婆，以至於我們很難去反思，為什麼同樣身為「人」，就因為年資、職級的不同，一個人可以對另一個人是這樣的想法與態度。

這造就了一個很可怕的循環，就是江山代有才人出。每一期，不論多菜，當她們升上去當「學姐」以後，總是會有心有不甘的人黑化成魔鬼，不管從前大家遭受的苦有多相仿。

俗話說「隔行如隔山」，外面世界的人，會非常難以想像我們在裡頭到底承受著多大的心理壓力。不就是發發餐、問問飲料嗎？這些事任何一個身心健全的人來做，都是不用刻意練習很快就能輕易上手的。我在前面的章節曾經介紹過，我們於地面受訓時的主要訓練是與安全相關的知識。服務訓練雖然也佔有一定比重，但那都是在主力的安全訓練結束後才來帶個過場。畢竟什麼都能妥協，就是安全不行。而我們正式上線工作後，只要飛機不失事（白話講真的是這樣），順利從甲地飛到乙地，關於服務的細節、手法，都可以在一趟趟的經驗中累積。唯有安全是一局定生死的零和遊戲。所以地面教官們在服務範疇大致秉持的態度是：只要妳能展現燦爛的笑容、擁有一顆熱忱奉獻的心，其他細項上機後都可以再慢慢琢磨。

我們都是被這個社會唬大的佼佼者。再面癱、再厭世，在這個生死存亡之際，誰都能裝出一副乖巧溫順的模樣。但事實是，不是所有人都能一直展現源源不絕的高亢熱情與學習動力。儘管在一個理性的範圍內能，超出那個每個人都不太一樣的理性界線，旋即崩潰的人也不在少數。更何況「學姐」不知為何一旦面對學妹，就容易轉型為一種理性值極低的生物，常常我還在界線內，卻早已大大超出學姐的容忍範圍。

任何行業不論教育訓練再完整，要成就一個成熟的專業人才，還是需要仰賴經驗累積。這基本上在各個業界都是通則，或者該說這是一個常識。但不知為何此一通則到了我們公司的空服部門，就變得毫無意義，甚至像是沒這回事。

我是一個從小到大求學歷程都幸運地離奇的人。從小學到高中，每一次段考非但沒進過前十名，大多都還在倒數十名左右徘徊。這樣的我卻能考上北北基排名前十的公立高中、台灣排名前十的公立大學。連滾帶爬地從大學畢業以後，只放了一個月暑假，旋即進入我的公司受訓。受訓期間曾被指導教官約談，要是上課再繼續打瞌睡，就只能將我退訓（教官對不起）。訓練結束後的實習生時期，所遇見的兩位 Advisor 指導學姐，皆是非常深明大義的天使。因此我一路就這麼上來了。和我的聰明才智、心靈手巧無關。僅僅是因為幸運，和遇見願意給我機會等我翅膀長硬的人。

在我的實習生時期，最後一趟飛往奧地利維也納的 OJT（On Job Training）中，和我一同在機上實習的同期同學，就遇到一位以嚴格著稱的 Advisor 學姐。學姐在一開始和她見面時就跟她嗆明，從自己手下過關的 Trainee（實習生）不超過半數，要同學皮繃緊點，她是絕對不會隨便放人上去飛、擾亂空中秩序的。有這樣盡忠職守的學姐固然為公司之財寶，但那趟前半由於同學的表現沒有達到學姐標準，回程時學姐在機上餐點服務中間的輪休期間，竟對同學放了大絕：請她拿出每個空服員皆有一本的厚重如辭海的手書，每翻開一頁，就問她一道問題。而當時我的指導學姐正好於商務艙忙碌，我只好陪公子練劍，和同學一起接受恐怖大問答。由於我只是陪客，若真的回答不出來，尷尬笑笑說之後會回去加強這一章節，學姐大致也就算了。可同學就不同了。她緊張到全身起了紅疹，OJT結束後過了好幾天才消（承蒙大家關心，同學後來順利上線了）。

我也不是沒被電過。剛上線沒多久，一趟飛往加拿大溫哥華的航班，因為我推餐車的速度過慢（當時的服務手法為一人推一台全滿四十二份餐的餐車，車上配有全套飲料及麵包。一個人大約要負責問五十位客人的餐點），是所有人中的最後一名。而當時經濟艙的副座艙長學姐認為我慢得太過不合理，已經過來我這裡大約兩次要我加快速度。我十分緊張地在優雅及速度之間掙扎。這時，整死我的最後一位客人出聲：「我要雞肉配飯。」而我的車上恰恰沒有雞！

那位客人正好是我服務的倒數第二還第三位客人。由於航空法規規定，不能將餐車單獨留在走道上，要嘛停在安全可以固定餐車的地方、要嘛連人帶車一起走，當時又菜又慌張的我，做了一個至今令我後悔不已的決定：拉著餐車回到廚房向負責廚房的學姐要一份雞肉。這時在一旁幫忙收拾內裡的副座艙長學姐非常開心地問我：「都發完了吧。」雙手還已經攀上我餐車上的飲料罐，意欲將它們通通收進冰箱。

「學姐還沒，我只是先回來拿餐。」我答。

學姐停下手中動作，瞬間轉換為瞠目神情，也不顧隔開廚房與客艙的拉簾還沒拉上，就怒吼道：「那妳回來幹嘛？」

「因為餐車不能單獨留在走道上，所以……」我還沒答完，學姐接著就喊：「妳已經發到最後一排了，妳那附近不是就有 Crew Seat（空服員專用座椅）可以打電話嗎？妳打回來請我們送一份雞給妳、或是妳先把客人飲料發完再一次回來拿妳那份雞，不是都比較快嗎？妳已經這麼慢了，為什麼還這麼笨、這麼不知變通，妳到底是怎麼通過 OJT 的？」

我當然是答不上話。不只是因為學姐的憤怒，也因為學姐的確說得有道理，我還真沒有理由反駁。

那麼這題的唯一解釋，似乎就真的只有我是白癡了。

但我真的是白癡嗎？

後來學姐又怒吼一聲要我滾出廚房迅速把餐跟飲料發完（她真的說了「滾」）。此時我已經嚇得眼眶含淚，只能勉強微笑面對最後幾位客人，和一看到飲料車就口渴的過路客。

我必須承認自己的學習態度是比較得過且過、不求甚解、只求低空飛過的那種。再加上我的氣質長相比較溫婉，還有點駝背。遇到心腸較軟的學姐，看我這副小媳婦模樣道歉個幾句，通常也不會與我計較太多。那天踢到了這塊鐵板，也算是一場震撼教育，令我自我保護機制產生，有了往後不懂也最好要裝懂、做錯事了也要極力掩藏的印象。長久下來，尤其是對於我這種對這份工作本身沒有極高熱情的人而言，這樣的猥瑣更成為一種生存之道。

被罵過幾次以後（對，我後來還有被別的學姐罵過，族繁不及備載），隨著用時間磨出的經驗值，我還是成為了一名「堪用」的空服員。甚至到現在也成為了一人之下、百人之上的副座艙長，擁有帶OJT的Trainee資格。即便現在的我很少被罵，所有比我資深的學姐、或是座艙長學姐，大多會敬重我的副座艙長資格，不會多怪罪於我。可是於工作初期留下的恐怖印象，讓我僅能將這份工作當作一份「工作」，而不是「天職」。

有些人被罵過之後，心有不甘，更力求表現，成為優秀的空服員；有些人像我一樣，肉沒少一塊就算了，過一天算一天；有些人無法忍受，毅然求去。前兩種人在過了一段時間，公司有缺的時候，都會升上去變成學姐。但不論是第一種人還是第二種人，因為曾經受過的陰影，接收到的「學姐可以罵學妹」的訊號，都有變成鬼學姐的可能。

不論是又嚴格又兇，還是又懶又兇，我們可以看出嚴格或懶散或許是基於本性。但「兇」這項共同特質恐怕就是接受到公司文化氛圍的暗示，而變本加乘而上。

我曾經詢問過在其他航空公司工作的朋友，他們會不會也有這種激烈的上對下文化。

在我們隔壁的花航，不僅薪資水平與一般人認知的長相比我們更為優越，由於是半國營事業，大家較沒有工作隨時會被腰斬的危機之感；男性空服員雖佔比例較低，但工作環境的陰陽調和均勻，同事間的互動與氣氛很是輕鬆。她們在互稱彼此時，不論期別大小，一律暱稱為「姐」。不像我們公司比較注重一定要知道對方的期別比妳資深還資淺，來分辨該怎麼稱呼彼此，因為一旦叫錯學姐或學妹、表錯情就糗了。就算僅是大一期、小一期，兩期之間的差別是兩年、兩個月、還是兩天，甚至只是日間部或夜間部（二〇一六年度由於大量招入新人，訓練教室不足，遂分成日、夜間部訓練，但教學內容品質無異），都要遵循這個基本原則。

往往在最新一期的學妹們上線以後，就會聽見一個傳言。就是原先最小的一期，比如說二〇一六年A期的學妹，在二〇一六年B期的學妹上線後，就開始擺出學姐架子，「電」學妹了（隔壁的花航對於職場霸凌的通用語為「K」）。此時更為資深的學姐們，不論是二〇一五年、二〇〇五年，抑或是更為資深一九九五年期，聽見傳言皆會貴妃搖扇訕笑道：「這麼菜還算什麼學姐啊，半斤八兩。」

只要一有新的學妹上線，就會聽見這樣的流言，屢試不爽，並不是特定那一期才有之。而諸位大學姐們的貴妃扇子更是搖得樂此不疲，似乎都想天女下凡般，去會一會那膽敢電學妹的學妹。意旨不在伸張正義，純粹為彰顯自己的更高榮耀。

而在對面香港最大間的國際航空公司，雖然也是東亞文化圈，但由於曾為英國殖民，近代國際貿易歷史豐富，早早就成為亞洲金融第一把交椅。又地窄人稠，造成人民之間的競爭意識強烈，對自我的人權利益更是維護。使得香港的國際航空公司上對下的文化並不彰顯。兩個同職級的空服員，比如兩位進公司的年資期別有差的經濟艙空服員，不論是相差兩天、兩個月、兩年，對彼此並不會刻意強調長幼次序，對待同職級的人的態度就是平起平坐；但若是兩個不同職級的空服員，比如說一位商務艙空服員和一位經濟艙空服員，就算商務艙空服員的年資較經濟艙空服員的年資淺，工作的時間雖短但升遷的時程較快，商務艙空服員依舊能依工作技能的升級，理直氣壯去指導下一職級的人（對面的港航對於職場霸凌的通用語為「Hard Time」）。簡單來講就是依能力表現說話。

位於我們東北方的日本航空公司，不論哪一間，不論國際線、國內線，因其特殊國情，可以說是上對下文化的翹楚及濫觴。且不僅是上對下文化，男尊女卑之傳統風氣亦十分強力。聽說每趟飛到外站，日本航空公司的座艙長甚至可以指定當趟最小的空服員必須出去陪機長吃飯（機師幾乎為男性）。這不是公司規定、也完全違反人類自由意志，但卻是年輕的女性日籍空服員可以在這個工作圈中「過得去」的潛規則。不過日本國際航空公司較我的公司稍微先進一點的是，還是有招收大約不到百分之一的男性空服員於空中服勤。

我的公司雖然在報名簡章上沒有明文規定只招收女性、不招收男性（這等於公然昭告天下公司有性別歧視之嫌），但公司內部依舊可以依其特殊的遴選標準、文化風氣、主管的個人喜好來招募新人。我時常幻想自己的公司哪一天能真正開明開放，招入男性空服員。採陽補陰下，學姐們的脾氣也許會變得比較好吧（苦笑）。至少我本人會非常樂意去當男空服員的 Advisor 指導學姐，叫學弟飛到外站以後晚上還要來學姐房間讀書用功（開玩笑）。

至於在我們西邊一點點，但還不到那麼西，所謂中亞一帶的阿拉伯籍航空公司，由於石油國家富有得流油，不但能請到好萊塢大明星代言（金城武含淚揮手），其員工福利亦向來傲視群航。年假三十天起跳、員工宿舍是真正的兩房一廳，配有全套標準廚房衛浴，水電費全免（僅需自己負擔網路費），連床單還有洗澡用的大小浴巾公司都附上全新的給你，用壞了再申請更換的就好。阿籍航空公司或許是受到真主阿拉的啟示，有招安世界的野心，因此有收集全世界各國籍空服組員的習慣。聽說每期阿籍航空空服員的結訓典禮上，每位完成訓練的空服員站上大舞台領取畢業證書時，後頭的大螢幕就會打上該空服員國家的國旗。這種世界大同，能代表自己國家盡一份心力、自己的國家也受到僱傭國尊重的感覺，往往令畢業生們感動不已。而阿籍航空公司面對這樣複雜的人口組成，更必須展現極高的文化包容度，才能有效管理。一反我們大多認為穆斯林保守、不輕易與他人交際的印象。所以在其間工作就更難感受到什麼上對下的壓力，彼此間基本平等對待。

在前面〈商務艙的空服員〉章節曾經提到，有人因為太喜歡商務艙的服務，而力抗向上升遷成副座艙長的機會，一直在商務艙留了下來。而我自己在收到公司通知要去受副座艙長訓練的時候，倒是心中一陣欣喜。不是因為覺得自己的努力被人看見，而是直白地認為終於輪到我變成真正的「學姐」的一刻了。

即便在商務艙空服員時期，我的下面好歹也有十幾二十期學妹，但我的公司的制服設計有三種款式，座艙長一式、副座艙長一式、商務艙和經濟艙空服員沒有分別只有一式。這代表著我若是升上副座艙長，我穿上制服以後，學妹們一目瞭然就會知道我「不一樣」、我是比她們更高一級的小主管，真正有了管理資格。

我沉浸在這種學姐派頭當中，完全忘了自己從前有多討厭「學姐」。完成副座艙長訓，正式成為副座艙長後，我雖然也在心中立下宏願要當一名天使學姐，在學妹面前因著想要維持形象而盡量不動怒氣（不過還是聽說有學妹覺得我很兇哈哈哈），但剛開始的時候，私下還真是管不住嘴巴，有機會就想講學妹壞話。

有一次，一趟飛美國舊金山的長程航線，我由於是期別最小的副座艙長，所以被分配到做經濟艙的督導。當時負責我經濟艙廚房的學妹是從前曾一起飛過，算是熟識的。那時她也至少上線半年有餘，有這樣的經驗值在經濟艙基本不會出大亂子。但或許是我的新手運氣，那天餐車才推出去，發了兩排，就有客人反應餐是冷的，將整個餐盒遞還給我，要我換一個熱的給他。我心想或許是熱餐的烤箱不夠熱，客人又過於挑剔才造成這種情況（第一優先一定是責怪客人）。沒想到手才一摸上餐盒，就發覺客人沒亂講，餐的確是冷的。

而只有一個理由可以造成這種涼度，就是烤箱根本壞掉、或是沒開。

我連忙向乘客致歉，並更換一個新的餐盒給他。再換上新餐盒前，還先手撫上餐盒鋁箔包裝表面確認餐點熱度：幸好是熱的。不過才卸下心防，和我同餐車另一側的學妹竟也反應，她手中的餐盒是冷的，而且就是那種根本沒熱的涼度。連續兩起事件，令我發覺可能不是偶然。遂向所有推餐車中的學妹們下令，暫停發餐，先檢查餐車內所有餐盒熱度，若是冷的，即刻收集挑出，送回後面廚房重熱。

經檢查後，發現只有我這台餐車的某一種選項有冷便當現象。幸虧當時負責豪華經濟艙督導的另一位副座艙長學姐亦與我熟識。她們艙等的餐點服務速度較我們快上許多，她走經過我，得知我的狀況後，馬上替我接手那些挑出的冷餐盒，抱回後面廚房重熱。而我和我這車的學妹則稍稍麻煩一些，因為車內少了一種選項的餐點，若有客人點選，只能先致歉由於烤箱故障，必須再等上十五至二十分鐘才能用主餐，問客人願不願意等；如果能等，就先請客人用餐盤上的小點及麵包、飲料，並登記下座位號碼，等餐熱好了再行發放。

不幸中的大幸是，那天沒有乘客嚴重抱怨餐等太久的事。大都能體諒、或是改選另一種餐點。不過餐點服務的尾聲，座艙長來經濟艙巡艙並順便幫忙時，還是發現了我們做餐進程特別慢的事。當餐點服務結束，我前去報告餐點服務狀況的時候，她想當然爾會問起我為何做餐做得這麼慢，我就必須在心裡琢磨，該不該據實以告由於發現餐車內的某些餐盒是冷的，帶回去重新熱過再發放，才延宕了做餐速度的事。

為什麼不能直接說實話呢？

首先，負責廚房熱餐的學妹和我稍有私交。雖然依據責任歸屬，餐點不熱或沒熱，她的確難辭其咎。但那次後來釐清原因，她也有些無辜。她雖然確實依照標準熱餐流程處理餐點，但某一個烤箱突然跳電、不靈光，也非她直接造成。我們在將餐盒放上餐盤之前，雖然也有作業手法是必須脫下隔熱手套，親手確認餐點熱度足夠再行放置，不過在作業過程中，也有其他學妹幫忙她將烤箱內的餐盒取出。通常在這種情況下，我若是以經濟艙督導身分詢問是哪一位學妹忘記先行檢驗餐點熱度，所得到的答案一定是一問三不知，又一羅生門事件。因為強烈的上對下文化，雖然樹立了學姐威嚴，卻也連帶令學妹基於害怕被大力譴責的心理壓力，不敢承認犯錯。尤其亞洲文化以失敗為恥，我們從小就不被鼓勵犯錯、也被教育不能犯錯。大家各說各話，我辦案不力、魄力不足。於公，似乎也僅能將責任算在負責廚房的那位學妹頭上；而於私，這又是我所不願意的。

再來，我畢竟是督導之職，不論下面的人如何，我理應一榮俱榮、一損俱損，承擔連坐管理責任。依據我的職場經驗，我知道有一類的學姐是這樣的：一榮俱榮這種好事當然要擔；一損俱損這種壞事卻別想算到她們頭上，甚至還能反過來成為她們的優勢。

她們會以「自己也是受害者的姿態」，用一種高八度的哭腔飛奔至座艙長學姐身側，抱怨學妹如何辦事不力、造成她多少困擾巴拉巴拉，最後再拋下一句：「現在學妹真的很瞎耶，我們以前哪敢這樣。」創造同溫層效應，貴古賤今，爭取同情分數，徹底將學妹與自己劃開一道楚河漢界。並用「學姐就是好棒棒、學妹就是笨」的意識型態對立，爭取座艙長站到她這一邊，最後徹底金蟬脫殼，撇清責任。

如果以我此次的餐點不熱事件為例，我若想當這種學姐，當座艙長問起我為何做餐做得這麼慢的時候，我的回答一定是有些委屈地咬牙切齒道：「就學妹不知道在搞什麼，都飛半年多了，我想說她應該沒問題，就沒有特別檢查餐夠不夠燙。結果有一個烤箱跳掉她居然不知道，還繼續拿出來塞。害我餐車拉出去被客人退貨，說餐是冷的。幸好那台沒熱的餐車剛好在我這裡，我趕快拿回去重熱。不然現在學妹不只會偷懶，不檢查餐就直接塞，還可能就繼續發餐，不敢讓我知道。」先說自己因為相信學妹經驗而沒特別檢查，顯示自己是一位信任下屬的主管；再說自己趕快把餐拿回去重熱，展現危機處理的智慧；三說現在學妹不只工作偷懶，還影射她們有掩蓋事實之嫌，老天有眼讓那台餐車落到我手上，才拯救了需負更高連帶責任的座艙長於無形。順便暗示一下我們都是經驗豐富的老人、是學姐，我們才不會做錯事，千錯萬錯都是學妹的錯。

所以，不是不能說實話，而是要拐著彎說、避重就輕地說。

若我就是不加修飾地告訴座艙長，因為某一個烤箱在熱餐過程中跳掉，造成餐點不熱，餐車拉出來才發現，拿回去重熱又花了點時間才這麼慢。座艙長一定會直接反問我：「妳難道沒有提醒學妹要檢查嗎？」，或是「妳自己出餐前沒有檢查嗎？」基本我就是必死無疑，撇不清關係。因為我的確沒有多加提醒這件事，在那樣一對一的質問壓力下，面對的又是學姐，責任大樑定會轉移到我身上。

我到底該怎麼辦呢？

我當然不想承擔責任，我沒那麼偉大，副座艙長也不是我硬要當的；可我也不想害負責廚房的學妹成為眾矢之的。最後我只能做出一個最軟弱中立的決定，把模糊仗打得更模糊。說當時「大家」都急，「大家」都沒發現有一個烤箱跳掉、「大家」都忘記檢查餐點熱度、「大家」都有點責任但也不能確定兇手是誰。幸好客人都很好（此時客人變成免死金牌），沒有人抱怨生氣。下一段餐我會提醒「大家」更注意，絕對不會再發生這樣的事。

這時座艙長學姐又問我：「那妳覺得負責廚房那個學妹表現得怎麼樣？我剛剛過去妳們那邊，發現她好像有點慌張，不知道在幹嘛。現在又知道她餐沒熱好，那她可能有點問題喔。」語調上揚，似在暗示勾上我的認同。

在我不願多嚼舌根之際，座艙長竟又自己拉開一口子。我馬上就意會到她是想要我同意她的說法，和她一起「同仇敵愾」。我感覺自己此刻就像站在一團爛泥中央，裡外不是人。我只能混淆視聽到一個更高的層次，說她們這幾期學妹因為公司政策改變，很快就要主掌廚房責任（廚房工作通常由該艙等除了副座艙長之外，最資深的空服員擔任。有一陣子我的公司實行「廚房經驗值認證計畫」，規定廚房經驗值最低的空服員，必須優先主掌廚房工作），本來就根基不足，工作時容易有點緊張也是正常。再加上那時因為餐點沒熱的事，工作方法已經不能依照原先計劃，大家都要分心兼顧尚未拿到餐點的客人，才會這樣。最後再強調一句：「接下來一定不會有問題的！」座艙長才有些悻悻然地放我離去，並說那麼下一段餐點服務時她會早點過來幫忙（我才希望妳不要過來）。

我在往後的飛行生涯裡，不只一次遇見這樣，想從我這裡淘些話題的學姐。似是把學妹們的能力與表現，當作自己賴以維生的職場養分。摸清這種「學姐套路」以後，有人便依著這套方法無往不利，總是把學妹當作馬戲團猴子似的，以看戲的心態觀察她們，再以此當作與學姐嚼舌根、套交情的藍本。若有學妹剛好是近期公司八卦女主角，比如說和哪個名人傳了緋聞、和哪個機師分手、不小心打出了逃生滑梯、是萬人追蹤的網美、整形整很大、搶別人老公、離婚、未婚生子、外遇劈腿、在個人社群網站對公司有情緒性發言被大量轉發、和其他同事吵架……，學姐們電力十足的鎂光燈便會大力照射。於公，更在乎對方工作表現；於私，以政論節目案例研討姿態將對方當成個案「了解」。

如果此學姐表裡如一地使壞，對學妹也是直截了當表明意見，便會成為顯而易見的「明鬼」；但一樣米養百樣人，在世上混久了一定也會了解到人性光譜的多樣性，知道有種介於中間的，叫做「雙面人」。在學妹面前是一副天使模樣，在學姐面前又特愛打小報告。不然就是平時都蠻好的，遇到有要好的空服員一起飛，就想湊在一塊講人不是、施展威風；或是相反，平時都蠻不好的，遇到有要好的空服員一起，因為心情特好，就大赦天下的也有。

我在前述那趟航班盡力守住了自己薄弱的價值觀。我想做個「好人」，可我不知道的是，做好人原來不見得比做壞人簡單。尤其在開始承擔責任、在關乎自身的範疇越來越擴大的時候，環環相扣，所有事情就不能通通都以一翻兩瞪眼的方式處理。曖昧最美只在男女之間；用於做人處事，還真是教人有夠噁心的。所以比起那些表裡如一的明鬼，我更討厭的，反而是這樣玩兩面手法、雙重標準的「暗鬼」。

但即使我這麼說了，在我剛升上副座艙長那一陣，雖然不會在機上和學姐特別講學妹什麼，私底下，在和自己的同期同學們聚會的時候，我也還是必須坦承，「學妹」還真是一項非常優質的談資。耐聊、源源不絕、能充分展現自我優越感，且容易喚起同學間惺惺相惜的革命情誼。只要在講任何一個學妹的事情時，於題前或題後加上一句：「現在的學妹都……（很懶、很笨、很沒禮貌、過很爽、對男人很主動、很瞎……族繁不及備載，可以自行腦補）」，很快就能引起全體共鳴。而且不論和離職多久的空服同事聊天，她們都還能有一樣感想。

這個餐點不熱事件，對空服員而言也算是小小的茲事體大，因此也成為我那陣子與人談話的主打（學妹對不起）。更有甚者，還會將之鉅細描述於個人社群網站。這件事我沒有寫在我自己的社群頁面上（卻寫在書裡了），但我也寫過另一起事。大意大約是和一位學妹約好了在外站要一起出門，最後卻被學妹放鴿子，學姐我甚感疑惑云云。那件事一 PO 出去，馬上獲得眾學姐們廣大迴響，紛紛留言要我公布對方期別、姓名，以後上機遇到一定好好「教育」對方。我當然知道大多數人都是開玩笑，這亦是學姐們一種互相安慰的方式，就像學妹們湊在一起罵學姐也是，都是在討拍取暖而已。但聽到這麼多人想替我「報仇」，卻也讓我害怕及卻步，我是不是也在打著「正義」的旗幟，成為了自己從前最痛恨的職場霸凌者？

拍討到了、暖也取了，最後我沒有公布學妹的名字、期別。但我卻一直記得她、一直記得這件事。這件事其實小到不值得我去恨任何人、電任何人，況且又是飛到外站後的下班時間；卻大到足以翻覆我心湖上那艘揚著「正義」旗幟的小船。

我的壓艙石還不夠重，我到底憑什麼當人學姐呢？

因為如此激烈的上對下文化，我的公司往往會收到一種很特殊的客訴信，叫做「客人抱怨學姐對學妹太兇了」。

我不曉得其他航空公司的客服部門有沒有接過這樣的客訴，但我在我的公司上班將近十年光景，幾乎年年都能聽說到有這樣的客訴信函。我不諱言有些客訴信也許是心有不甘的學妹請剛好前來搭機的朋友客人寫的；但客人自身貨真價實的抱怨卻也不是沒有。

由於我的公司空服員之間的學姐威權感實在太重，造成學姐們往往有一種錯覺，就是以教育學妹為己任。忘了撇除學姐學妹關係之外，我們是更需要團隊合作的同事。因此教訓起人來也就不分時間場合，有時在客人面前抑不住怒氣就直接開了罵。以我前述推餐車速度過慢的溫哥華事件為例，學姐雖也是教訓得有理，卻也忘了要先拉起隔開廚房與客艙的拉簾，直接任由高漲的情緒噴射而出。客人懷疑這樣忍不住拉上拉簾一秒鐘的人是否有維護航機安全的情緒控管能力、甚至就單純為了保持客艙安寧這樣的平白理由，都具有客訴的合理性。

由於我生得不夠美豔、或是所執勤航班的乘客剛好都比較沒有正義感（開玩笑），我雖然聽說過有這樣的客訴信，自己倒是沒有收過。最接近的一次「乘客の正義」（加上日文の感覺比較厲害），乘客願意幫忙客訴學姐的對象，也不是學妹，而是另一位客人。

那天我飛的是上海虹橋機場，剛好被分配坐在與乘客面對面的位置。登機時，我們都需要分散站在客艙內的座椅間迎賓、指導客人放置行李（不是幫客人放行李）、尋找座位、給兩杯水、借一支筆、發毛毯……巴拉巴拉。由於那日前一班飛機飛抵時已經拖到了一些時間，我們慌忙做完地面準備工作之後，腋下都還是濕的就開始登機。客人大都在候機室等候已久，一接到可以登機的訊號，便如滔滔江水朝我們滾滾而來。我們也會有航機起降準時性的時間壓力。由於前一個航班已經遲到，不論是基於公司、還是客人立場，雖然客人一次洶湧而至，容易造成迎賓作業困難度大增，但基本上我們也是樂見其成，希望可以幫助飛機愈快起飛愈好。

不過，在我們以為應該所有的客人都登完機後，一位地勤人員卻來報，尚有一位旅客未登機，但已經掌握行蹤，要我們再稍等一下。不久，一位小姐提著大包小包匆忙趕到。此刻焦心著要速速關門準備起飛的座艙長站在門邊迎接，幸而該乘客座位離機門不遠，僅在機門後一排，她一下就找到座位。但當那位小姐打開位於自己座位上方的行李箱，卻發現已經被放滿。在這裡要順便機會教育一下，機上所有行李擺放空間，都是「所有乘客共用的」。雖然為了方便也為了安全起見，大多數人會選擇將自己的隨身行李擺放在自己座位正上方的行李箱，但登機牌上的座位號碼，代表的僅是旅客在這段航程中擁有的座椅位置，不代表連同號碼上方行李箱的使用權利。若是因為晚到、或是當日整體旅客隨身行李過多，導致自己座位上方的行李擺放空間已滿，義正嚴詞申訴自己的權利受到波及，要求其他已放置行李的旅客取下行李供自己擺放（這種大爺客人不少），都是不會受到認可的。空服員能做的就是至其他位置替客人尋找行李擺放空間。有時行李會和旅客座位相差甚遠、不同邊、甚至跨艙等放置，都實屬正常。抱怨也沒有糖吃。

由於發生事情的當下我並不在機門附近，因此就我的側面了解，我所能掌握到的資訊，只有座艙長學姐似乎在時間壓力下，忍不住責怪了那位小姐的遲來。我不知道那位小姐有沒有先行態度不佳，晚來發現座椅上方行李箱被放滿，還頤指氣使要求我們移除行李箱內的行李讓她擺放；或是小姐其實非常上道，乖乖接受空服員指示迅速就座，行李被放在離自己十萬八千里的地方也無所謂。總之當我回到案發現場，也就是我當日被分配的位置時，小姐是已經坐下，行李也放好，機門關上，航機緩緩後推，準備起飛。

在執行起飛前的客艙安全檢查之際，我走經座位被劃在我責任範圍內的那位小姐身側，她叫住了我，有些怒意道：「可以請問妳們座艙長叫什麼名字嗎？我要客訴她。」不明白事態發展的我，被她這沒頭沒腦地一問嚇得不輕，只得盡量柔聲客套，機械式反問：「請問發生什麼事了嗎？有什麼我可以幫到您的地方？」

「我剛剛上機的時候是比較晚到沒錯，我找不到地方放我的行李也都讓妳們拿去放在別的地方，可是妳們座艙長也太過分了吧，我都乖乖配合了她還罵我。而且是很兇的那種。我覺得太過分了，我一定要客訴她。」小姐講得義憤填膺，我也聽得膽戰心驚。一來我必須迅速做完我區域內的安全檢查航機才有辦法起飛（時間壓力啊）、二來我感到十分衰小。學姐罵人天經地義（開玩笑），又不是我罵妳，妳要客訴干我屁事？而且要我窩裡反提供學姐名字給妳，雖然以情感面而言，我的公司文化學姐學妹基本對立，身為學妹有機會扳倒大鯨魚，倒也令人不喜自勝；以理性面來說，天子犯法與庶民同罪，是學姐自己造成自己被客訴，我也不該徇私包庇。可我在當下實在無法做出判斷，小姐位置在第二排，我等於還有百分之八十的區域尚未檢查。我膠著著開不了口、也邁不開步伐的掙扎之際，坐在小姐正前方的客人突然出聲：「是妳們座艙長不對。我剛剛都看到了，妳們座艙長真的態度很差，不應該這樣對客人的。我是金卡，我可以幫這個小姐作證。」一番仗義執言，更攪亂我心中一池爛泥。

「痾……好。稍等一下。」而我居然非常沒用地抱頭鼠竄。一路開溜先將該做的檢查做完，就迅速回到座位繫緊安全帶，眼神刻意迴避坐在我正前方的金卡，還有其後的事主小姐，懦弱起飛。

起飛後我也沒敢再去回覆那位小姐的問話。轉身拉上隔開客艙與廚房的拉簾，換上圍裙，就開始工作。並反常地希望自己這趟越忙越好，最好忙到可以讓小姐與金卡忘記起飛前那與我何干的屁事、忙到自己就算沒時間回覆也能正氣凜然。

在座艙長過來幫忙我工作時，我像是抓到救命繩索般，苦著臉開口與她講了這有點尷尬的事。口氣能有多委婉就有多委婉。希望她能明白我雖然像貓一樣用前掌蓋住了一隻蟑螂，卻也僅是蓋著，沒敢摁死。那隻蟑螂要殺要剮，還望悉聽尊便。

「是那個小姐有問題、是她晚來還發神經。」座艙長卻如是道，接著再拋下一句：「不用理她。」

我訥訥點頭繼續手上的工作，座艙長也是。

全滿的上海真的很忙，如我所願。我在各種服務之間暫且規避了這件事。接著有起就有落，我們準備降落了。

我在降落前的安全檢查行程時，再次走經了我區域內的那位小姐身側。金卡先生此刻已經晃悠悠睡去，但小姐也許怒意未平還清醒著，再度指著我道：「妳還沒給我妳們座艙長的名字。」

我因著她的二度詰問腦袋一轟。這時我突然非常想念我們單調、一成不變、重複性高、簡單無巨大挑戰的服務流程。為什麼我不能就只要做著這樣的工作就好？這不就是我被訓練的目地；我為什麼要處理座艙長與客人之間的齟齬？

起飛前的「於情於理」再度出現在腦海裡。座艙長不知是因為時間不足要儘速巡完全艙而快速經過我與小姐的僵滯不前、還是略有私心的，不願讓她看見自己左胸前的名牌而白駒過隙。總之她是溜開了。小姐沒直接叫住她，卻一直拽著我不放。

我看著座艙長輕巧地漸行漸遠，突然備感憤恨不平。起飛前的「於情於理」像緊急逃生出口警示燈一般亮起。沒時間了，我又請小姐稍等一下，轉身回廚房抓起紙和筆，迅速寫下座艙長學姐的名字，並且為了略為掩藏自己的一點愧疚，再寫了幾句「服務不周之處，敬請見諒，希望妳到上海旅途平安順利」一類字眼，就在座艙長回座以前，將紙條交給小姐。

我回身就座，並向座艙長打了個安全檢查作業完成的手勢，她站在對門處略停一步，也回打了手勢示意接收便走。之後不過十分鐘，我們就到了上海。我感覺我提起的心順著機輪放下，終於走完了這漫漫長路，而這是我飛過世界上最遙遠的距離。

飛機停妥，我站在機門邊歡欣送乘客下機。座艙長學姐結束商務艙的乘客送機之後，也走來我的門邊，和我一同與乘客再見（最好是不要再見）。由於商務艙的乘客享有優先下機的福利，因此通常離商務艙最近的前側機門會率先開啟，待商務艙乘客下完機之後，後面艙等附近的機門才開，讓其他乘客下機。

我在事後回想那一幕，發覺也許座艙長學姐是個大無畏的人。雖然她在我向她回報那位小姐想要客訴，並和我要她的名字後沒再自己去處理這件事，而是像我一樣埋首於繁複忙碌的機上服務，不過這時她卻站在我的身側，沒有遮掩甚至笑容滿面。商務艙乘客和經濟艙乘客下機的時間差，讓她來到我身側之際，還得定定地站在門邊一會兒，等候機門開啟。而她應該也知道，那位小姐就坐在機門邊第二排，這樣的等候時間與距離，要看見她金色翅膀下的名字是輕而易舉。

機門開啟後，乘客魚貫下機。金卡先生走了，那位小姐因為行李被放在了後頭，稍等了一下取到行李才走向前來。座艙長學姐或許親切自信地向她說了謝謝再見、或許是對其他客人說了。總之，小姐沒看著學姐，卻看著我，一如她拽著我要學姐名字一樣。並抬起手也朝我遞了一張紙條，道：「給妳的。」不過沒有我的慌張與遲疑，而是態度堅定。

我又露出了起飛前那個尷尬苦笑伸手接過，留聲機般說著謝謝再見。小姐終於下機，卻在我身上留下炸彈一枚。

「那應該是那個小姐寫的客訴信吧，我看。」座艙長在小姐走後旋即朝我輕聲道。小姐的紙條作為我的私人物品我應該有權力賴皮回說：「不給妳看。」但我還是將紙條交了出去，毫不遲疑。因著我一直以來被上緊的不能忤逆上意的發條。

學姐打開紙條的瞬間，也順勢拉開了引信。

「妳居然給她我的名字！」學姐突然尖聲喊。其實炸彈不是紙條，是學姐。

我的腦域三度受到空襲。我先是啞口無言，然後只能老實承認，並將留聲機的唱盤改為「學姐對不起」。學姐接著將紙條丟還給我。因為那根本不是什麼客訴信，而是一封感謝函。感謝我願意提供座艙長的名字給她，但我對小姐的道歉並不能消除她心中憤恨，因為畢竟不是來自座艙長本人。也許我給她的紙條是來自座艙長的話會令她氣消一些，但木已成舟，她會客訴下去，也祝福我往後飛行順利。

「如果妳要寫紙條給客人也可以先跟我討論啊，妳憑什麼什麼都不講就自己提供我的名字給她？我看在妳這趟是第一次還這麼幫妳，我這麼幫妳耶（她真的挺幫忙的）！結果妳回報我的方式是把我的名字給她？」學姐在我耳邊繼續轟炸，我除了不停說「學姐對不起」以外，眼淚鼻涕也趕來幫忙助陣我的悔恨之心。然後學姐對我喊了：「走開，我不想再看到妳。」我回頭躲進拉簾之後，哀嘆這輪迴不止的命運。

那趟是我升上副座艙長的第一次飛行，而那時的我也已經飛了差不多要五年了。身上有別於一般空服員的副座艙長制服因為前一個月連續長班，沒時間領，還特意向當天放假的同學借來穿上，才去服勤。早知道，還沒領到新制服請假就好，何必為了貪這多一天的榮景，弄得自己一身腥。

學姐也是會犯錯的。

學姐對不起。

然後我才明白，世界上最遙遠的距離，不是台北到上海，而是上海到台北、是每一次上班從家門口到公司門口那條灰色巨蛇般的路。開得那樣直、那樣大，名正言順將我送入心底最煎熬之處。

因為想要了解人性，我閱讀了許多心理學相關的大眾科普書籍。我很想知道，是什麼可以扭曲黑化一個人的心性，尤其會被招收進來這個業界的女孩子，應該至少都能裝得溫良恭儉讓，不然也通不過主管面試那關。雖然激烈的上對下文化也有其影響，但也不是所有人都變得這樣，表示這種改變並非身不由己。

人會改變，但我想知道的是選擇這種改變的因素是什麼、為什麼有些人會「換了職位就換了腦袋」。

後來我在《史丹佛大學心理學講義：人生順利的簡單法則》（Lessons To Achieve Great Result）這本書中讀到一段關於權力的心理學研究，說掌握權力的確會損害腦中一種鏡像神經處理過程，讓人變得較沒有同情心。

人類會以模仿他人的動作、聲音、語調，來和他人達到同步，進而理解對方的情感，這個行為就是我們所謂的「同情」。而存在我們腦神經中的鏡像處理程序，則能更細緻的模擬他人。這種神經元等級的模擬是人類顯意識所無法察覺的。所以許多教導戀愛方法的書籍，通常都會要人在面對自己喜歡的對象時，可以盡量有意識地模仿對方動作。比如對方摸頭，你也摸頭、對方打哈欠，你也打哈欠，這種互相模仿的行為或許能在不知不覺中增加對方對你的親密感。

而過於享受權力、迷戀權力的人則會停止模仿他人。久而久之，真的會造成腦神經的損傷，變得難以產生同情心。

我在讀到這段文字時簡直醍醐灌頂，甚至不禁會心狂笑，因為科學證實那些「鬼」學姐們確實是「腦子有洞」（開玩笑）。

但要改善這種情況的方法不是沒有，最直接的辦法，便是想像自己軟弱時的經歷。用曾經無助的心情，幫忙喚回鏡像神經網絡的活動。還懇請諸位學姐們試試。就算不為推動公司成為「幸福企業」，也為了自己的身體健康著想啊。

桃園市空服職業工會曾在我的公司分會的工會會員間，做過一項調查。詢問若是除了座艙長之外的空服員們，也能以下對上，每趟飛行結束替學姐「打分數」，會希望有些什麼具體化的評分項目?據我所知,我的公司的座艙長對其他下屬們的評分項目有三:安全素養、服務手法、工作態度。在空服職業工會所做的那項調查中,「情緒管理」高票當選,成為眾工會會員們心中期望,若是能有替學姐「打分數」的一天,一定要有的重點項目。

工會主要的任務是替其下會員向資方爭取應有權利,是勞資協調天秤中一顆最重要的砝碼。大多著墨於工時、休時、薪資這類與會員們「勞動力再生成本」切身相關的議題。簡單來說,就是資方認為員工能活到明天再來上班的成本是多少錢。若是老闆認為員工只要喝白開水、吃滷肉飯、有一張蚊帳睡在吊床之上就足以活到明日再來工作,不在乎其個人成長、娛樂、社會價值、人身安全……等更深刻的人本內涵,員工的薪資就是只值這個價錢。雖然我的確是每天只要吃滷肉飯、喝白開水、有一張蚊帳睡在吊床之上就足以活到明日再來工作,可若我的勞動能替老闆帶來開法拉利、住帝寶的生活,那麼同為公司的一份子,我的勞動價值也應該等比例提升,才不致形成「壓榨」。這中間廣大的比例調節、價值辯論地帶,內容複雜異常,就必須交由工會這樣專業的機構替會員們承擔。

但工會在我的公司分會內卻展開了這項似乎於「勞動力再生成本」無關的投票,表示激烈的上對下文化已經不僅僅是一點心理壓力而已，而是真正影響工作權益的重大議題。

於一個空服員而言，我們工作最直觀的利多便是可以藉工作之便順便遊覽一下世界。雖然我的公司以一間國際航空公司而言，飛行的航點並不多，僅有飛行北美洲的美加二國、歐洲僅有四個航點（巴黎、倫敦、維也納、阿姆斯特丹）、澳洲布里斯本，及亞洲各主要城市。其他地方，例如非洲大陸乾脆整個沒有。不過若是能每個月出國去發一下花癡也是不錯。我的公司雖然有開歐洲四個航點，但由於歐洲航線運輸量遠低於近程的亞洲各地及美國，若是沒有特意維持連續三個月全勤以獲得自選一個航班的資格，一般人極難於公平的電腦排班上排上一個夢幻歐洲，只會有被我們公司空服員們戲稱為「月經班」的洛杉磯、舊金山，每個月都至少要來一次。中歐洲的機率大概就只比電腦選號中樂透高一點。

恰好，「鬼」學姐天下無敵，個個全勤到不行。當她們挾其年資優勢，每個月飛僧多粥少的夢幻航班之際（連續全勤時程越久，能獲得好班的機率越高），若是我就剛好某個月中獎，得到了一個好班，打開班表再一細看，卻發現飛航名單內有我害怕的「鬼」，我心中去或不去的天人交戰，實實在在就是我的工作權益受到迫害。

為什麼我要為了學姐造成的心理壓力而少賺一天薪水，還要自己請假再被倒扣一點？請了假後雇主還要安排接替人力也是莫名的成本提升（勿忘神鬼奇航）。若我就是大著膽子去了，也不幸於工作期間被電得七葷八素，那麼那些不可言喻的精神損傷要找誰賠償去？是公司？還是學姐？

即便學姐「教育」我教育得句句在理，但若是我平素表現大多沒有問題，偏偏就在某一航班被質疑能力，而該班負責學姐又剛好是出了名的挑剔的那種，那麼究竟事實是我真的很差勁？還是學姐要求異於常人？甚或是公司制度安排還不能夠達到這位學姐的超高標準，所以她要替天行道，以一己之力力挽狂瀾（學姐您還是去當教官好了）。

因此這個議題能在工會成立之初這麼快速被放上檯面討論，也不無道理。

身為人類最珍貴的一樣特質不是什麼勤奮、善良、正直、樸實……，而是多樣性。我們每個人最特別的一樣地方，就在於我們每個人都不一樣。

我在自己也當了PR值五十的學姐之後，才逐漸可以理解許多學姐特殊的、個人化的要求，也大多是在為公司整體形象提升著想。比如說，我就曾經聽說有位學姐特別要求穿著公司制服時不能吃香蕉，說是怕乘客對我們有不當遐想。雖然我個人覺得這樣要求有些過份聯想，也有些荒謬古板，但學姐的確也是用自己特有的心思及創意，在守護公司的聲譽。

我們在討厭一個學姐時，往往會樂於找出此學姐做了什麼於公司體制不合的事（我的公司絕對沒有規定空服員不能吃香蕉），希望能訴諸更大的公權力將此學姐繩之以法。在這樣的上下對峙當中，除了和同期同學們一起咒罵、取暖之外，更多的是上匿名網站宣洩不甘，甚至直接上空服管理部門呈報所發現的討人厭學姐的不法情事。曾在我的公司鬧得最為沸沸揚揚的事件，就是機內免費偷升等。

一般而言，空服員沒有免費升等任何乘客的權力，即便是座艙長也沒有。除非遇見情節特殊事件，例如經濟艙全滿，但有乘客的機上娛樂系統故障無法即時修復，且乘客不願改看報章雜誌愉悅自己。若是其他艙等還有空位，基於情理考量，座艙長會通融讓該乘客至其他艙等使用機上娛樂系統。但一看完電影、玩完遊戲……就得離開回到原始座位，用餐、起降時也都得回去。

職涯生活平均佔據每個人一天三分之一、一輩子二分之一的時光，通常職業也是一個人為人敬重的依據。除了從所飛之地帶一些愛心回來之外，若有親友上機一同飛行之時，大家都希望能因為自己的一點「裙帶關係」，令親友享有更好福利，這是東亞社會最令人感到溫暖、也往往最為人詬病的「人情文化」。而在機內能給親友最簡便、最尊榮的「特殊服務」，便是不可說的機內免費偷升等。

在我剛上線那幾年，工作時遇見有同事的親友跟飛，或是遇見有同事利用個人休假搭公司飛機出去，若是商務艙有空位，大學姐往往二話不說就讓他們到前面來坐。雖然多少會增加一些商務艙組員的工作量，不過親友或休假空服員亦大多十分乖巧，得了便宜才不敢隨意造次。這有些像是空服員之間互相照料的潛規則，但是是屬於溫暖的那一種；也有點像是因應公司高壓管理而出現的次文化。當我們在雇主身上得不到自認應有的福利與對待之際，便會轉向其他方面，「私法正義」將該拿的拿回來。

然後接連出現幾次「疑似」學姐在機上濫用職權之情事（我說「疑似」是因為我本人並不在現場，一切也是聽說而來），已經讓同來跟飛的親友坐在商務艙，自己對待其他學妹的氣焰也沒收斂一些，造成嚴重反感。因而遭學妹告上公司空服管理部門要求嚴懲。此事在檯面下是空服員間的美意，在檯面上就是不折不扣的重大違規。許多空服管理部門的主管，從前也是空服員出身。我雖然沒和她們在機上共事過，但在我的想像中，我相信她們或多或少也曾接受過這種同袍情誼的美意款待。如果她們還有一絲緬懷空服生活，我想她們最不願懲罰破壞的，應該也是這種其實本意是正面的錯事。就像我們小時候都曾經聽過的一碗湯麵的故事。一個窮愁潦倒的媽媽帶著自己的孩子到麵店吃飯，卻只點了一碗湯麵。老闆見狀，偷偷多加了半個麵團給他們。以企業規範來看，若是這樣放任空服員機內偷升等親友，非但對內難以建立威信，對外也乾脆不要做生意；以社會觀感而言，這件事也容易被大眾引伸為「何不食肉糜」，認為空服員已經是社經地位較高的行業，還要這樣行偷雞摸狗之事。但我還是要提出來的原因，是希望大家可以先將眼神聚焦於人跟人之間最純粹的情感便好；也想告訴大家為何這件事難以以公司的等級辦理，卻最好可以在「私下」處理，反而更能展現真摯。

曾有一位私交不錯的學姐告訴我，其實有時候她反而會想念更早以前公司更高壓封閉、學姐更嚴厲的時候。雖然環境更刻苦，但創造出的同事情誼卻也更堅貞深厚。雖然學姐們在機上很可怕，但不論自己多菜，只要被學姐發現搭機出去玩，或是帶家人跟飛，學姐也一定是拉開拉簾，不容分說地招手說：「來、來前面坐。」

或許學姐們也是體制下的受害者。在環境的脅迫下，若是不這麼做事便難以生存。因此也拿起磚頭一把一把將自己夯實，非自然地造成自己多處稜角。但她們心中一定也有柔情之處。如果在工作時難以於同事之間展現，那麼就在私下、在那種「非正式」的地方給大家一個方便吧。這是她們對體制的平衡、對同事的平衡、更是對自己的平衡。

我是在台灣解嚴（民國七十六年）後一年出生的孩子。雖然如此，我在小四以前還是接受過非常嚴格的體罰、國二那年才解了髮禁、到大學還覺得共產黨好可怕。可以說戒嚴時的遺毒還苟延殘喘地在我身上多延續了一陣子，時代的劃分也絕不是那麼暴虐地可以明確用日期填出一條溝壑。每個人心中那把對於時代的量尺，便是在意識到自己竟莫名開始懷念了、或放下了，才有辦法刻下一度標記。而我的公司在我出生後一年成立。可一間公司從想法種子的催生到登記立案，也絕不是傑克的魔豆，一夜就長大。可以說，我的公司土壤的養分，來自於台灣近代史上最肅殺的年代。公司創辦人的中心思想，往往成為企業文化的依據。而創辦人成長的年代又是更早的時期。企業這個瓶中精靈將她存封的記憶在員工心中點燃，我們才會被「洗腦」、會認為自己的動輒得咎與公司相關。

從前年代的特徵是什麼？就是大家都苦，卻還是願意互相幫助。這種幫助不見得合理、甚至不見得合法，但心裡若還有一點個人的、私密的想法作祟，認為這樣是對，還是會有願意挺身而出的人。而在那樣的年代氛圍下，這一點溫暖更如雪中送炭，可以讓人哆嗦著撐過寒冬。

然而一個時代還是悄悄地走了，迎來一批記憶與前人青黃不接的人，大雜燴般同處在一間公司裡。曾有人怨怪去告狀的學妹，這一狀告上去，鬧得大家往後都沒好處，玉石俱焚。可她們的作為，也正是新時代的特徵，代表台灣的確正在走向真正的自由、民主、開放，威權時代已經漸漸過去。即便人情味漸淡，我的公司空服員間的情誼也在近年終於開放全球外站一人一間房後，變得比較薄弱，不過這也跟行動網路的崛起有關，有人關在房間上網、滑手機就可以過一天，所以更懶得與人交際。但這不啻也是一種時代對自身的平衡。必須擺盪到另一個更高的幅度以後，令大家又高處不勝寒，寂寞久了、對網路厭倦了（這好難），又漸漸打開房門走出來。

威權走到尾聲，出現那種「疑似」濫用職權，看不出時局變革，已經違規了還不安分收斂脾性、大擺姿態搞學姐威能的人也是剛好而已。從前的威權之所以必要，或許可以解釋為公司初建，根基還在十分不穩定的時期，需要嚴格控管一切的篳路藍縷。最好大家都只有一種性格、一種想法、高度服從，對公司最有益處。而現代社會之所以繽紛，卻是需要大家展現各自色彩。

我現在若是遇見一些用開朗、但不合乎「規定」的方法做事的學妹，其實會挺欣慰。有一次我做商務艙的督導，一位年資非常淺的學妹在替客人帶位時指引了錯誤的位置，被客人發現，一手拿著登機證、一手指著座位上方的座椅號碼質疑道：「怎麼不一樣？」那位客人年紀頗大，頂上不多的頭髮烏黑，應該染過，體型呈一般中老年男子常見的中廣身材，但沒有相對應他年紀的慈眉善目，著黑色 polo 衫配黑色西裝褲、黑皮鞋，感覺應該是「大哥」一類的人物。我在一旁見狀不由得緊張起來，想說肩負督導職責的副座艙長我本人，是否要去替大哥陪酒才能化解掉這一局（開玩笑）。學妹遭到詰問，先是愣了一下，旋即燦然傻笑，非常天真直接地回道：「是我帶錯位了啦哈哈哈哈哈，我新來的對不起啦！先生您的座位在這裡才對喔。」隨後指引大哥到正確座椅上。而大哥或許是受她的笑容感染，竟也跟著笑了起來，自然移步到正確的位置。

還有一次，我在經濟艙遇見一位負責廚房的學妹，只要回到廚房內工作，就會開始哼哼唱唱。我在空閒時好奇問她：「妳很喜歡唱歌嗎？」

「妳不覺得這樣工作感覺比較輕鬆嗎？」她居然（敢）這樣反問我。

我嘴角微揚不置可否，心裡微微挖苦地想：我們以前哪敢邊工作邊唱歌啊。而我的這聲挖苦，也讓我意識到，儘管風氣在變，卻尚未達到成熟的階段。

我們時常在新聞報導上看到位於矽谷的那些新創公司，比如 Google、Facebook，員工福利如何之好，提供免費三餐、健身瑜伽課程、無限有薪假、按摩⋯⋯。但若空服員間的上下對立是公司體制的產物，那麼處於中世代的我都還有這聲挖苦，就表示比我年資更長的大主管們亦更難有這層體恤下屬的心思；假設突然某天大主管們通靈天眼開了，跨時代將宏觀視野引入現在，決定讓員工可以免費升等商務艙（若商務艙有空位的話），員工們的共同意識若沒有成長，認為自己被公司升等是理直氣壯而大肆撒野，或許真會引來於商務艙服務的組員抱怨，自己總要面對爆滿的商務艙「免費升等刁民」，然後傳入公司耳裡福利肯定又被取消。而那個曾經非常辛苦終於過去的年代又會再度被提起、緬懷。商務艙的一個座位變得妻不如妾、妾不如偷，然而我們還是誰都得不到。

有些學姐要求動作迅速即可，不拘小節；有些學姐太在乎細節，令服務時程無限延長，甚至自行加入公司標準作業沒有的流程；有些學姐非常環保，將機上每個被開過的塑膠袋運用到極致，絕不拿全新垃圾袋；有些學姐愛乾淨，推出餐車前最忙碌的時期，還要手摸一圈廚房工作桌面，確定沒有髒污才肯出去⋯⋯。每個學姐其實也有自己的個性，但若她們被上對下文化薰陶過度、迷戀上權力以後，只會被譏諷為「討人厭得有創意」，下屬無所適從，亦無法為公司開創新局，更令人感覺陳腐。

人的長處是一體兩面，可以是鋒芒，亦可以是古怪。這中間的距離，翻面的關鍵，我想是修養。能夠清晰表達自己的要求，不以學姐威能吆喝，並願意和下屬同舟共濟、承擔責任，這樣的智慧，是需要靠自身努力修煉得來，無法與年資呈正比。知名作家蔡康永曾經說過一句話：「很多人誤以為老人有智慧，這真是太抬舉老人了。如果年輕時是個笨人，那就到老還是笨，或者更笨。哪有什麼智慧隨年齡漸增這種白撿便宜的事。」

我曾被抓飛一個北海道過夜班，由於是人到了公司待命後才突然被廣播上工，因此沒有計劃特別去哪，打算到了當地隨意吃喝然後待在飯店呼嚕睡上一覺便好。沒想到了札幌新千歲機場，於機場行進間，座艙長學姐突然問我，晚上要不要一起吃飯，飯店附近有間不錯的便宜燒肉。我有些受寵若驚答應了，還順便跟她借了一萬塊日幣，因為我身上一毛錢都沒有。那日的學姐在機上工作的態度是比較嚴謹的，跟她報告事情要非常仔細，也不吝於親自邁開腳步至機艙各處走動。但私下卻非常隨和，也完全沒有學姐架子。那晚我們乾了幾杯啤酒，回程路上身體暖烘烘地走在雪地裡，她告訴我，其實她小時候學了很多年的鋼琴，長大後沒再繼續。最近突然又想念彈琴的感覺，因此請了老師來教，現在只要心情不好，彈琴便能緩解不少。聽她講話的同時，我突然發覺她的氣質很好，法令紋呈現優雅的弧度，聲音也清脆。在這個突如其來的雪國之夜，混合著酒精，我和學姐不分年資地有說有笑，令我感覺十分魔幻。畢竟這樣的夜晚的確不常出現，像雨天時出現在公車站牌的龍貓一樣。

還曾遇過一個學姐，偶然在國外聽見她用外語流利地與當地人交談。詫異之餘，卻也無法更喜歡她。因為她剛好是那種又懶又兇的學姐，即便發現了她有此等不出世的才華，還是難以錦上添花，徒增可惜罷了。

學妹之間總喜歡探討好像沒結婚的學姐比較可怕、或是多年求子不得的學姐可怕、再不然就是離婚的學姐比較可怕……，總狹隘地將「可怕」與婚姻狀態掛勾。但我發覺，不論是有結婚的、沒結婚的、有小孩、沒小孩、離婚、甚至老公很疼的，各個層面皆人才輩出，有可怕的學姐，也有天使學姐。足見個人修為與婚配無關，不過是學妹想要拿來揶揄的話頭。

姑且不論有何個人特質、在什麼職位、是學姐還是學妹，敬人者人恆敬之。儘管我自己也是個道德充滿缺陷的人，但我總記得一句忘了從哪看來的話：「聰明是天賦，善良是選擇。」在同一職業工作那麼多年的人，有什麼厲害也僅是時間的贈禮，不算什麼天賦異稟。可以這樣安身立命或許是上天的厚待。若想提高自己格調，唯有不二一途，善良而已。

# 機長

作為空服員們在飛機上最親近的戰友，機長當然不只是我們意淫的對象。我一直有一種感覺，撇除同事關係，機長其實是航空界整體慾望的化身。但在航空界這個相對封閉的生態系中，這個慾望又顯得單純許多。

由於飛機上的工作環境結構簡單，空服員就四個職級：座艙長、副座艙長、商務艙空服員、經濟艙空服員，我們公司機長的上下從屬配置據我粗淺的了解，從低到高，也是四個：肩上兩條線、三條線、三點五條線、四條線。儘管中間各自會經歷不同的升遷考試、經驗累積、隨機考核，但大致來說也是一條直腸子通到底。順著往上爬，照本宣科盡力不要出錯，便能直上涅槃。

而他們那「槃」，不只比我們大上許多，也較社會上大多數人要大上數倍。我曾在前面〈空服員式的愛情〉章節中提到，機師是專業技術受薪階級中，平均薪資最高的行業。由於小女我命薄，沒有受過哪個機師青睞進而與他們戀愛（但我承認我暗戀過機師），連睡過都沒有，所以無法由情人間的耳語呢喃得知他們行當的各種貓膩，還盼望往後有哪位睡過的大德能好好培養文筆，將這些寫出來。但他們和我們的工作命懸一線，雖然相隔著厚厚一堵電子艙門，機上發生各種狀況，不論是小至乘客喝酒鬧事、恐怖份子劫機威脅，大至活人生吃、殭屍突變，他們的唯一原則就是緊鎖艙門、絕不打開。除此之外，我們基本上還算是同舟共濟、唇亡齒寒。同時，他們也是空服員們除了彼此，最常相處的同事。我無法忽略他們完全不談，也在經年累月的相處中多少有些故事可講。我就在此姑且一論我印象中的他們、說說我知道的一些事情。

作為一個空服員剛剛上線的時候，機長其實是天高皇帝遠一般的距離。畢竟小菜鳥要從最基層的經濟艙服務開始幹起。唯一一個例外能接觸到他們的時機，便是在OJT（On Job Training）時的認識機上設施環節中，也需要進到駕駛艙中，去看看我們或許也會使用到的駕駛艙設備放在哪裡，還有從機長視角各看一次起飛與降落。在那個學姐猶如洪水猛獸的幼苗時期，能夠進到駕駛艙去跟機長一起鎖在裡頭沒有明天、沒有未來，打死門都不打開，不啻是一種喘息。畢竟他們的工作和我們的工作大抵沒有利害衝突，在大多由男性擔任的機師身邊，於身心也能得到一些賀爾蒙層級的調劑。

在駕駛艙內空服員有可能會用到的物品其實很少，而且大多和「救機師」有關。因為要是機師失能，沒人開飛機，那就是全機兩、三百人一同沒有明天、沒有未來。所以我們需要知道如何解開他們的安全帶、放倒他們的椅背、移動他們的座椅，還有如何啟動他們的氧氣面罩。而作為機上這個微型社會「蟻后」一般存在的機師，他們所使用的氧氣系統和我們後頭廣大民眾在機艙失壓時使用的氧氣系統也是不同規格。我們一般人（包括空服員），使用的是化學合成的氧氣，而他們使用的是真正的高濃度純氧。聽說有機師在工作感覺精神不濟之時，會拿起他們的氧氣面罩吸上幾口、或是純粹為了強身健體而不吸白不吸。我看過他們的氧氣面罩，也是如同電影裡頭戰鬥機飛行員使用的那種依據面部線條設計的高檔貨，和我們後頭廣大老百姓所使用的黃色軟塑膠殼完全不在一個檔次。

駕駛艙內還有一項很特別的物品：斧頭。不是為了鼓勵機師們成為傑森出來瘋狂大開殺戒，而是為了於飛機發生事故時，破壞機體逃生使用。

由上述介紹不難看出，只要「蟻后」們鳳體無恙、飛機沒有發生重大意外，空服員和他們的公共關係就大致如此。

但在機上還有一個關乎民生的重要時刻，就是吃飯。整架飛機最精密的操控設備、平均薪資最高的人雖然都鎖在駕駛艙內，但設計民航機的人畢竟沒有考慮到同公司不同部門的人之間也會有嫌隙（同部門都有了），所以忘了給他們在駕駛艙中弄一間廁所尿尿、弄一個冰箱、再弄一個烤箱，讓他們可以完全不假他人之手、徹底絕塵於世。我們和他們看似該是一條河往一個方向流的大前提，終究在「民生問題」上磕到了一顆大石，將我們分化為兩條路線。也是我們和他們在戀愛關係之外，最容易產生衝突的地方。

不論長、短程航線，飛機上除了供給客人餐點以外，也會供應機組人員的餐點。由於駕駛艙在飛機最前端，商務艙的設置也通常在飛機前段，因此負責商務艙廚房的空服員，也會就近一併負責清點及供應駕駛艙餐點的工作。這在我們的服務職掌教科書中，還特意闢有一個章節明文規定這不只是一個同事情誼間的互相幫助，而實實在在就是空服員的工作範疇。但人的情感往往會在「制式化」中消磨。當情感被套入公式，所產生出的標準答案，往往就像被果汁機榨過一般，真正的營養所剩無幾。機師們若是其中有修養不好者，按著這是公司「規定」，而將空服員當作真正的「服務員」對待，很容易就會有頤指氣使的氣焰長出。但若此人真正按規矩走，公事公辦，也不徇私耍賴，同事之間倒也俐落乾淨。他們吃飽喝足、我們「服務」結束，彼此井水不犯河水。

可修養不好者，通常只有更糟，往往貪得無厭，還想佔盡便宜。

機上供應給機師的餐點，雖然也如乘客一般統一由航空公司委託的航空餐勤公司製作，但為防範他們若是吃一樣的東西而全都食物中毒導致沒人能開飛機，同一架飛機上的每位機師，即便沒有因為特殊宗教、健康等個人理由選訂特別餐（素食、不吃牛、不吃豬、低脂、低鹽、海鮮……），全都訂一般餐，所有機師也都會得到不同內容的餐點，並且餐點等級通常在豪華經濟艙、甚至商務艙之列。不像機上空服員餐點，為了調度給數量龐大且心思難以猜測的經濟艙乘客，通常都是和經濟艙乘客一樣的餐點內容（你想吃雞肉配飯，我也很想吃雞肉配飯啊）。不過聽說隔壁的花航供給空服員的餐點都是同商務艙乘客一樣的。所以關於每間航空公司的組員餐點供應，可能各自有政策不同的配置。不過每位機師的餐點一定不同，應該是每間航空公司皆不容質疑的通用規定，畢竟這是關乎安全範疇。

近年來由於健康風潮當道，有些機師為了多吃蔬菜而選訂嚴格素食餐。所謂嚴格素食餐簡單來說就是生菜沙拉餐，不但一塊肉也沒有，還全都是生冷蔬菜配上幾包沙拉醬。這種嚴格素食餐據我觀察，訂的人通常是為了某種好高鶩遠的理由：減肥、健康、排便順暢、吃菜比較帥……，但能確實執行且甘心下嚥的人實在不多。而那種覺得訂了嚴格素食餐就等於減肥成功的機師們，在飛機上要令自己吃飽的變通方式，就是去吃商務艙客人的餐點。

吃商務艙客人的餐點其實沒什麼。當所有餐點服務結束，商務艙乘客全都用完餐後，若還有剩下，所有機上組員也會分食。但空服員們畢竟還是等待客人的餐飲服務結束，確定是「剩下」的以後才會食用。某些訂嚴格素食餐的機師卻會以預設的心態，直接表明不要自己的嚴格素食餐，就是要吃客人的餐點。若是剩下的客人餐點不符合他心意，便會接著層層追問：「那今天航程中間有熱點嗎？是什麼內容？」、「那不然給我泡麵。」這實在令人匪夷所思，為什麼不一開始就選訂一般餐就好，至少也能給自己多一個選擇。

有些較上道的機師在聽見空服員回答：「可是客人都還沒用，等客人吃完有剩下再問你好嗎？」後，至少會願意等待；但也偶有不願等待就要選用的機長，實在令人髮指。

而機師在機上選擇用餐的地點，也會因為長短程航線而略有不同。短程航線若是港澳大陸那種飛行時間較短的，因為他們在機上工作的時間壓力也很緊迫，所以通常會和空服員一樣，選擇在飛到外站後，等待返程的加油、檢查、機上清潔等作業結束的地停時間（大約是一個小時），出駕駛艙到外頭乘客座椅上使用餐點；長程航線由於飛行時間較長，而且機師在飛機上據我一個外行人沒和他們睡過的視角來看，最忙的時段只有起飛和降落那短短一小時，也就是說一趟飛行時間十二小時的航線，他們只有起飛加降落共兩個小時會很忙，其他時候大多「看起來很閒」（如果機師們有認為自己並不閒的請勇於檢舉我）。往往飛機順利起飛至安全高度後，機師們於機上的輪休時間也就開始了。有人會選擇在自己的休息時間於機師專用的休憩空間，我們稱之為「Bunk」的地方用餐；有人在休息時間也不想睡覺，若是商務艙有空位，便會出來到乘客座位上看電影、做自己的事，或是就在這個時刻於乘客座椅上用餐；有人則會選擇在工作時於駕駛艙內腳上擺著個餐盤吃飯，因為長程航線除了起降以外的漫漫中間路，不會忙到連吃口飯的時間都沒有。端看個人意志狀態。他們想在哪吃，我們就替他們把餐熱好送到哪，也不礙事。

但機師和我們不同的是，雖然也同樣在社會價值中被奉為天之驕子，但空服員和機場地勤、公司內勤、航空餐勤、航勤維修、航空清勤等航空相關作業人員，絕大多數的工作內容都還是「服務」，不論是對外服務客人、或是對內服務公司財產及其他員工。機師的工作內容因為專業技術含量高、雖然需要與其他部門合作運行卻又不需對其他部門負責、每次飛行都是一次與自己進步提升的角力。就算飛不好，沒有發生意外之前，也是機師訓練部門內部的事，像我這種沒睡過的外行人根本看不懂（但我想這種技術高度即便於體液交換的層級也令人費解），薪水又遠遠高過絕大多數航空從業人員，因此容易在航空生態圈中自成一脈、獨樹一格。他們的驕傲感不僅對外，也對內。在個人拿捏不準的狀態下，令其他同事們感受到他們的嬌貴之氣，就容易產生「誤會」。

我聽說過一起事件。內容據同事間的道聽塗說、網路截圖、個人臆想所拼湊出的故事殘貌是：一位資深大機長於機上輪休時間，選擇至商務艙乘客空位休息。休憩到一半，突然想要用餐，便按了座椅旁的服務鈴，喚了一位空服員過來，表示想要用他的餐點。恰好回覆這個服務鈴的是商務艙的副座艙長學姐。學姐的年資也不淺，發現按鈴的竟不是客人而是機長後，心裡遂也生起一股怨懟。勉著神色回覆完機長回到廚房，學姐向一旁的學妹們發起了牢騷，認為機長居然是直接按服務鈴讓空服員過去，同是在機上工作的同事，此舉太不厚道。

若上述情境為真，我個人感覺，該名機長對於人性的思慮的確不夠周全。雖然機長在駕駛艙中工作時，若有用餐、如廁等需求（二〇一五年三月二十四日德國之翼航空9525號班機，發生副機師蓄意撞山造成全機罹難事故後，航空公司開始加強駕駛艙內安全，要求客機於航行時任何時候必須要有兩名獲授權人員留在駕駛艙內。有時一位機師出來上廁所，便會請求一位空服員入駕駛艙內監看另一位機師有無不軌舉動），亦會直接打機內用於廣播、聯絡各艙組員的電話，請求我們的幫忙。但此刻我們能體諒大家都是在工作、是屬於團隊一體的合作狀態，其感覺就像是坐旁邊的同事請你遞一個正好在你手邊的釘書機給他一樣。該名機長在自己的休息時間請求空服員準備餐點也完全政治正確。但問題就出在他請求的方式，是按乘客使用的「服務鈴」，讓我們走過去再走回來，準備好後再送過去。這樣的請求方式的確少了對於同事的體貼；使用服務鈴更深入在意涵上有矮化同事之嫌。

接著非常玫瑰瞳鈴眼的情節開展。當天的一位商務艙空服員似乎與該名機長有些私交，在聽見回覆服務鈴的副座艙長學姐對於機長的埋怨後，不知是基於個人正義、基於友誼、甚或是基於看好戲的心態，悄悄告訴該名機長學姐抱怨的事。機長聞雞起舞，勃然大怒。又喚了那名學姐過來，直接就於客艙當中飆罵。而且據傳聞好像還罵了髒話，導致其他乘客感覺受擾，決意對機長提出客訴。

這畢竟又是一個我不在現場、聽說而來的事件。但若要問我相不相信、會不會在聽完事件後跟著碎嘴機長幾句，我的傾向是相信及會。

為什麼？

因為我的確也受過這種機長式的「好大的官威」。

在我擔任商務艙空服員時期，忘記是飛哪一個地方，總之那條航線上的商務艙餐點，有一種選項是與台灣大名鼎鼎的米其林餐廳合作聯名的牛肉麵。由於商務艙的餐點選擇也和經濟艙一樣是有比例分配的，並不會因為你搭的是商務艙，就想吃什麼餐點選項就一定吃得到（除非你聰明一點事先網路選餐）。雖然商務艙的各種餐點分配比例基本上會略高於百分之四十，令商務艙客人比其他艙等客人有更多機會吃到想要的選擇。但常常還是會有選擇某種選項的客人超過機上供應的數量，商務艙空服員必須去道歉請客人改選其他選項的情況。這種時刻往往令商務艙空服員頭皮發麻，必須先在廚房內討論、沙盤推演一番，研究哪一位客人看起來脾氣較好，不會因為吃不到想要的餐點而生氣，再出去外頭「求情」。這其實也是我工作以來相當匪夷所思的一點。若是客人都已經搭到商務艙了卻還是吃不到想要的餐點，那麼究竟是航空公司的「餐點不浪費」原則有理，還是客人的「花錢是大爺」有理呢？我居於其中，至今仍找不到答案。我只知道這世間其實難有什麼皆大歡喜的事，除非誰都願意對誰體貼一點。

這道牛肉麵由於知名度頗高、在機上能吃到湯麵著實也教人感覺新鮮，往往是機上熱銷品，也是常常要讓商務艙空服員出去道歉的那種。但那一次卻意外地有剩下。和我共事的機長在一上機就與負責商務艙廚房的學姐預告如果牛肉麵有剩，自己除了本來的機長餐以外，還要多吃一份牛肉麵。那天是短程航線，所以機長選擇在降落後於當地的地停時間出駕駛艙用餐。由於飛到外站後，會有當地的餐勤人員上機來置換為回程準備的新餐點，而學姐忘記將剩下的牛肉麵另外移出烤箱，放到不會被餐勤當作是廚餘帶走的地方。就在機長表示要用餐而學姐回廚房去準備之際，學姐才發現牛肉麵已經被餐勤清走了。學姐十分抱歉地僅帶著機長原本的餐點出去給他，並解釋因為自己的疏忽沒有替機長留到牛肉麵，請機長見諒。

沒想到機長卻生氣了。而且是大發雷霆的、吃不到想吃的餐點的客人的那種生氣。

「那我請妳幫我留幹嘛？妳知不知道我很餓？如果是被客人點完也就算了，妳這樣我怎麼原諒妳？」我印象中機長大約是這樣對學姐說的。我在一旁一邊準備下一段航程要用的用品，一邊假裝沒事偷眼瞅著這一切，手上的每一下動作卻因著機長的每一個高音而有所停頓，無法連貫。

除了在公共事務上「自己人刁難自己人」的機長外，我還遇過一種亦值得一提的「博愛型」機長。

博愛型機長的特色是：對機上組員大多挺好，頗有一種樂於照顧人的大家長風範，也能令旁人明顯感覺到此人以這個角色自豪。講話算是風趣，偶爾兼有一點黃腔。挺受下屬愛戴亦受空服員歡迎。乍聽之下這樣的機長沒什麼好批判，該能成為每趟航班上的「壓艙之寶」，甚至有時還會幫忙陪令學妹們懼怕的「鬼」學姐聊天，令「鬼」之龍心大悅進而不會過度騷擾我們（賀爾蒙層級的調和）。但就像性格自卑的人往往朝兩個極端發展，不是變得更加封閉、更不願接觸人群；就是變得更狂妄自大以期掩飾心中渺小。博愛型機長據我觀察也有兩條分支，一種謹守主流清流地位，注重私德與同事間評價；一種則默默扎根於黑暗，似是想在各處收割人心的藤蔓。

前面那種沒什麼好講，所以我接下來要談的，便是後面這一種。

我印象深刻有一次，飛到外站後，當趟機長邀請整組人下班後一起去吃飯。那趟大家相處頗為融洽，而且空服員們不知為何不論在機上吃多飽，下機後都還是會餓，因此大約有近二分之一的人答應一起去了。我們到了一間營業至午夜的中餐廳，預備叫幾道合菜一起分食。在點餐時，機長突然問了一句：「要不要喝點酒？」期別較菜的學妹聽到這樣的問話，大多不敢應答、面面相覷。那次尚有幾位資歷較深的學姐也在席間，學姐大器，馬上回道：「好啊，你請客我們就喝！」機長遂向店員要了幾支啤酒。酒上後，所有人不論酒量如何都先斟滿一杯，一同慶賀下班後的美好時光。故事若只到這裡，這大概就是世上最好的工作了。必須聲明，我的職業生涯中其實也不乏這種上班一片和樂融融、下班一同買醉尋歡的歌舞昇平。但酒過三巡後，我卻發覺機長愈發說話不得體，先是要求空服員和男性機師們必須交錯間隔「梅花座」，然後頻頻指定男女雙方相互敬酒。局面竟從平常的同事聚餐，流於聯誼交際之勢。

我本身是愛喝酒的人，自認也還有一點酒量。發覺這情況後，為求安全自保，便默默斟酌減少入口的液體。

那趟的大學姐不知是平日生活過於苦悶還是素日就與機長相熟，竟放縱自己開始有些醉態。這也就罷，隨後還嗔笑著與機師們玩鬧道：「你們都喜歡這種年輕的小妹妹，這次一下來這麼多個，高興吧？」

肩上四條線的大機長坐於主位頗有天子君臨天下之態，率先發聲向學姐回道：「現在要把機會留給年輕人。我老了，玩不動了，她們也不會喜歡我這種伯伯。」接著揮手鼓動各位後進，再道：「我先在這邊祝你們送入洞房。」然後舉杯欲與眾人乾杯。

肩上三點五條線的機師資歷稍次，通常會是大機長跟前的大內總管。在聽見機長的話後，便識相地舉起酒杯跟著鼓譟眾人敬酒。小學妹們皆有些尷尬，但也怕壞了氣氛不敢不從。我在臉上掛上一朵看不清情緒的冷笑，心想原來是這種情況。

二十五歲大約是女性年輕和輕熟的分際。二十五歲前若是想被請酒、搭訕，我的經驗大多是去夜店找有包廂且桌上酒開很多的男生廝混，會比較有機會。除非年輕女孩因為在八大行業打工、出去玩的年紀早等特殊原因建立起自身廣大的玩樂人脈，不然大多只能在這種公開場合認識男生；二十五歲後，有在走跳的女性基本上都會有幾個固定能請自己喝酒的好「酒咖」，不需再去尋尋覓覓，手腕高明的可能每個週末都會有請客喝酒的邀約。尤其「空服員」三個字在各大酒局都是一種人氣保證，想請喝酒的男生多了去，還能順便滿足虛榮心。

酒咖大多是頗有經濟能力的男性，願意付出酒錢換取女性一同玩樂陪伴。和男生上酒店叫小姐的區別是，女性雖然總是被請客的一方，但去與不去是出於自己也想玩樂的意志，並不純然是受金錢的誘惑所致，頂多只能說是貪小便宜。且除了點幾樣在喝酒場地就翻倍賣的食物吃喝以外，並不另外收取出場費用，也不需付出任何「特殊服務」。而男性在這種場合也多會自豪自己僅需付出酒錢就有女性相陪，女性願意出現也證明了男性尚有出來玩的魅力。若有男女雙方在這種局上發展出超越友誼的關係，也百分之百是出於情感，非市場供需。有趣的是，這樣的男女在平日幾乎不會聯絡，大多只在酒局碰面。可以說彼此的友誼純粹是為了成全人類求歡的慾望而生。

我能感覺當時的情況就和我參加過的多場酒局很像，不過是包裝在「同事聚餐」的面具之下，變著手法想讓我們陪他們玩樂。

我在二十八歲以後就漸漸少去這種酒局。一方面是曾被喜歡的酒局男拒絕交往，想遠離傷心地；一方面也開始發覺這樣的生活雖然當下快樂，但酒醒之後的人生卻不會變得比較輕鬆。在強烈的空虛感運作下，要弭平這樣的距離，除了更頻繁地參加酒局以外，就是開始訓練自己在任何時刻能安之若素。且女性在男性眼中，儘管說來傷感，還是有所謂「賞味期限」。我曾在酒局中見過一位非常漂亮且保養得宜的姐姐，在我心中讚嘆她容貌的精緻之際，卻在私下聽見同桌的男性嫌不過三十三歲的她太「老」了。而那些男生的平均年齡是四十歲、平均育兒數是一點五個。

我自認是玩得起也能玩的人。要變換同事角色成酒局妹我也不是不可以。不過參加酒局好歹是眾人在有目地性的共識下齊聚一堂，大家都知道會發生什麼事、也對會發生什麼事有所期待。但這種自以為是的「同事聚餐」就令人有種「逼良為娼」的嘔心感，畢竟不是每個空服員都和我一樣熱中於酒局。甚至據我個人了解，我的公司至少有半數空服員還具備有社會主流期待的純良秉性，要她們在這種局中如魚得水，等於是把北極熊扔到亞馬遜叢林一樣，不死也半條命。一如那位按服務鈴叫空服員來的機長一樣，都是從主觀意識上直接矮化同事地位，且不覺有任何羞恥，甚至還有種「我願意找妳來是我看得起妳」的自大情緒。

但不能諱言的是，我的空服同事中，的確也有一撮人是如我一樣，享受這種讓經濟更優渥的男性花錢供養的生活方式。我在這些人中還完全是小巫見大巫，頂多讓男人為我花花酒錢。而我若是參加了酒局，也會力求氣氛歡愉而盡力表現，也算是令人花錢花得問心無愧。有些手段更高的同事，甚至能讓機師甘願餐餐請客、安排好外站玩樂行程並從天上接送到地上。對於這種同事，我的情緒認真只有羨慕，畢竟我做不到這樣的高度。

人和人之間，只要利益需求互補，再尷尬的事都自然地天經地義，如雨水滋養大地。那天的大學姐似乎是個寂寞了很久的女人，老鴇般開著自己年華已逝的玩笑、敦促著學妹們不要客氣，若是喜歡就要把握、和大機長談笑著各種公司內部的八卦軼聞。我看不出來她的快樂是哪種樣子，只知道她似乎非常沉浸在當時的氣氛。大機長的角色也很複雜，似是居中牽線的掮客，卻又能令人覺察出他不可一世的情緒，且並不排斥接受誘惑，姜太公釣魚般等待願者上鉤。

這類機長在人前客套的道德儀禮中都展現出了一種高度；在人後細碎的閒言閒語中卻變得花名在外。其實所有事情都是自己高興就好，但若牽扯到「你情我願」的範疇，有沒有辦法令人心服口服，才是生而為人真正該角力的戰場。若是僅靠職權、金錢一類事物令人屈服，表示此人的深度也僅到此處，沒有多少可以讓人深刻的了。

那晚的眾人大多還是比較居於主流的謹守本分，所以之後沒有什麼春宵一刻值千金、始亂終棄一類的傳說流芳百世。不過我會這麼說，就表示這種傳說其實很多，且以各種面貌流傳於世。有小三、小四只是基本盤，人前玉樹臨風、人後暴力相向的；人前溫文爾雅、人後有變裝癖好的；人前學識淵博、人後霸王硬上弓的……繽紛多彩，令人目不暇給。說句政治不正確的話，有時我聽著這些劇情超展開的故事，還頗能填補心中獵奇的慾望。如果他們能夠繼續滿足我的癮頭而胡作非為下去，我座上觀又何樂而不為。

當然，還是老話一句，一個巴掌拍不響。作為航空界慾望化身的機師們就像是一座內陸湖泊，有它令自身壯大的可取之處，也有多少人想分一杯羹的爭先恐後。曾經聽聞有空服員為了想與機師這碗明眼瞅得見的金飯碗交往，使盡渾身解數，不惜自備酒精與一顆火熱的心，飛到外站後就去敲機師的房門。若我是這樣令人想要常常自獻其身的存在，我容易變得混濁一點似乎也是情有可原。

不過，我的公司雖然還多存有男尊女卑的古俗之風，但那是就反面的方向而言。若就正面的方向來看，這樣的男女不平等，在頗有一些自矜的機長身上，也體現出另一種紳士風範。

機師與空服員每趟飛行不論是長程還短程航線，都會至少帶上一個登機箱。箱內放置的就是我們在工作上需要用到的個人用品。我不太知道機師的箱子裡都放了些什麼，但空服員的箱子裡頭放的基本一定有我們在機上需要換穿的平底鞋、圍裙、放置餐盒的隔熱手套，及兩本厚重如磚塊的安全及服務手冊。每每從機場上下班，我們搭乘公司派發的交通車來回之際，都會有一個上下行李的動作。交通車司機大哥通常會先爬進大巴士下層的行李存放空間，協助我們擺放行李。由於我的公司空服員全是女性，而機師又以男性居多，此時，一些具有紳士風度的機師們，便會在行李箱門前排排站，主動接過空服員的行李，幫一手抬進車內讓司機大哥排放整齊。

這樣善意暖心的舉動當然不可能是公司規定。更深一層而言，機師們若在幫忙搬運行李的過程中不小心手受傷，更是得不償失。尤其「手」不僅是他們實際上、亦是理論上「吃飯的工具」。我不曉得我的公司機師界這樣的「女士優先」傳統從何處來、從何時起，只知道打我自小進公司便一直行之有年到現在。我印象深刻有一趟從洛杉磯回台灣的航班，當趟三位機師有兩位因為私人行程緣故，直接在機場報離下班，不隨我們返回航運總部。剩下的一位剛好是肩上四條線的大機長。那位大機長是外籍白人，一頭雪白的頭髮、渾圓的大肚，頗有聖誕老公公的即視感。雖然僅剩他一位男性，且那天因為是長程航線所以所有人除了於機上使用的登機箱外，還多了一只盛放過夜私人用品的大行李箱。在交通車邊上下行李時，他仍是賣力幫忙每位空服員搬運行李，充分展現男子氣概。

每年農曆新年，或許由於我的公司從來沒有發給我們於國定假日上班應有的雙倍薪資，一直以來於公司內處於薪資金字塔頂端的機師們，可能基於一種「回家好過年」的人道救援精神，竟發展出了「發紅包給空服員」的習俗。後來甚至連座艙長學姐也受到影響，會在年味最濃的過年前三日（除夕、大年初一、大年初二），在飛行前的簡報會議上，發紅包給一起飛的空服員們。

紅包的金額其實不高，平均是台幣一百元至三百元不等。偶有機師還會貼心地發放目的國的貨幣，比如飛美國就發美金、飛澳洲就發澳幣、飛歐洲就發歐元。或是舉行紅包抽獎，當然還是人人有獎，不過可能會包包不同金額。我曾遇過（但沒抽到過）最高的紅包金額是台幣兩千元。一個過年一天至少可以從機師們及座艙長學姐身上拿到共五百至八百元不等的紅包。我的公司空服員僅有招收四個國籍：台、日、泰、越，但機師的國籍可真正能說不遠千里。雖然還是以亞洲國家的台、日、菲、馬為大宗，卻也不乏各種歐美國籍機師。每年過年這些外籍機師們亦會入境隨俗發紅包給空服員們，且不論當趟空服員是否為台籍、該國家是否有相關禮俗，皆不分彼此發放。這樣溫馨的場面常常令我對自己國家的文化真心感到驕傲，知道自己身處的還是一個人情味相當濃的環境。

有一年過年，一位剛進公司的年輕外籍機師，可能是初來乍到，並不知道我的公司在過年時有這樣的習俗。看著其他台籍機師發放紅包的他，想必心裡有種「不得體」的焦慮感。後來大家進到機艙進行地面準備工作之際，那位外籍機師竟衝至客艙尋找散落各處的空服員們，一一發送他趕忙於機場買的高級巧克力，並有禮地向每個人解釋希望這個巧克力能同樣代表祝福的意味、Happy Chinese New Year。我向來是怕胖所以不太吃零食，但那日我知道那是一個真正尊重僱傭國文化的表現，因此二話不說便把甜得要命的巧克力給吃完了。

人不太可能都只有好的一面，而完全沒有壞的一面。在年味漸淡的現代社會，每到過年，我其實沒有自己想像中的那麼不愛上班，因為往往在公司還比在家裡要能感受到節慶的氣氛。我想年節的作用是要為時時容易懈怠鬆散的人們創造一種正向的儀式感，提醒我們這世上還是有些共通價值值得我們為其努力，並以「年」為單位，一再一再激勵我們向前一點點。

我想在此深深地感謝願意用一己之力將冰冷的工作場合變得溫馨的每位同事們。即便是「發錢」這麼俗氣的事，都在真切的善意下令人感覺備受珍惜。

我在人生截至目前為止第一份正式工作的內容感受工作之於我的意義。除了維持生存這麼直白的理由之外，也是希望自己的生命可以連結到一個更大的社群之中，共同創造一己之力難成的價值。我的公司時常會拿「守護飛航安全」、「擺渡人」一類非常高大上的詞彙為我們塑造意義框架。這些當然也是我們工作非常重要的一環、甚至是終極的一環。不過，除了這些遙遠的、我在被學姐刁難、被客人抱怨之際完全感受稀薄的大前提之外，我如何能從細碎的生活碎片中織縫起自己的存在感？

我從機師、座艙長發紅包一事得到了感想。

我的存在之所以有意義，是因為有人願意將我當作值得珍惜的人。會願意去常常思索我是不是太累了、太辛苦了，會不吝於為我製造一些小確幸鼓勵我堅持下去，甚至願意助我的個人成長一臂之力。一家大企業運用自身資源要做出這樣的「表象」非常容易，但能否令人感受到真心誠意，就必須回歸到一年三百六十五天的日常之中，我是否能感覺到自己確實被照料著。

我心所嚮往、效忠的，其實是另一個社會意義上的「家」。一個或許比我真正的家還要待更久的地方。我在打卡上班的時候，所面對的究竟是工作、是家人、還是花費時間心血所堆積出來的不捨？在我傻傻分不清楚的時候，我希望我效力的對象可以確實讓我知道，這不只是工作、不只是時間心血堆積出的不捨，而是另一個真正可以令人依賴的地方，我才能感覺到自己活著。

# 客人

很多人會問我：哪一國的客人最討厭？

會有這樣以國籍為分野的問題，也是因為我們工作的舞台已經算是橫亙整個世界，所接觸的人群也在飛機這個特殊的載體內被橫幅擴大的關係。

不過很可惜的是，由於台灣沒有如同鄰近的香港一般取得亞洲主要轉運站的先機，雖然台灣在許多方面，如腹地、政經情勢、人民素養都具有很好的潛在條件。所以包括我的公司在內的兩間本國籍國際航空公司，都很大程度地被縮限了發展空間，頂多只能在世界航空公司中達到中階之列。也因此，我曾有機會大量接觸的他國人民其實不算太多，能喊出個性質大概的，只有亞洲的台灣、港澳、大陸、日本、韓國、印尼、菲律賓、越南、新加坡；歐美地區則只有美、英兩國。其他地方的人，光就我的工作接觸經驗，則完全沒有足夠樣本可以歸納出一個論述。

但台灣人民畢竟背負著和我同文同種的原罪，又台灣服務業在亞洲已開發國家中，除卻性格真正變態得高明的日本之外，算是有目共睹的親切體貼。我們容易被自家人無下限的消費，也是無可奈何。

不過，我還是想要提出某幾類我個人特別在意、認為值得拿來一提的台灣人民百態。

由於我剛剛上線時所受訓的機型在公司安排飛行的主要航點為近程亞洲，當時兩岸直航的航點尚少、班次亦較不頻繁，因此我那時幾乎都在飛旅遊業已相當成熟，且因文化、政治、歷史、娛樂……對台能見度極高的日本居多。雖然直銷、保險公司在多數國家應該都是行之有年的產業，但我並不清楚他國這類以「抽佣」為員工主要收入的公司，是否也有如台灣的這類公司一般發展出以公司包辦的員工旅遊作為獎勵的制度。

總之，台灣的直銷、保險團體非常喜歡到日本獎勵旅遊。也因此造成我在飛行這條航線上的諸多困擾，因為他們對空服員來說實在不是容易對付的一群。

這類以公司為單位的團體旅遊大多會包辦給旅行社辦理。旅行社為展現貼心至極的服務（當然也是應該），通常會先從特殊餐點選項開始著手。除卻因個人信仰、健康、愛地球等理由只吃素而訂素食餐的旅客之外，台灣人最常訂的一種特別餐，據我個人體驗，除了兒童餐，就是「不吃牛肉餐」。

因台灣特殊的文化風俗，據說農家為感念農具機械化前耕牛的辛勞，或是聽從算命「改運」的建議，使得直到現代還是有許多人選擇不吃牛肉。會在直銷、保險產業拚搏的人，大多對自己的未來有憑藉個人力量大富大貴的美好想像，因此走入這條跌一跤或許就是萬丈深淵，可能賺不到錢、朋友也得罪光的羊腸小徑。而能來搭機參加員工旅遊的幾乎都是這個業界的佼佼者。他們的個人信念必然很強，其間亦多有以斷除自己某項享樂（不吃牛肉之類），來增強自己信念的人。雖然我認為不吃牛肉與事業成功沒有絕對關係，身邊亦不乏不吃牛肉但人生依舊亂七八糟的親朋好友。不過在這類團體中，不吃牛肉的比例頗高，往往一個五十人左右的團體，就要派發出十至二十份左右的不吃牛肉餐。

若不吃牛肉者都能甘之如飴不吃牛肉，那麼我們在派送特別餐時雖然麻煩點，但也是個一次性作業，結束也就沒事了。

在此順便講解一下我們派發特別餐的流程：起飛前由負責廚房的空服員與航空餐勤

人員對點飛機上的所有餐點內容。確認完成後，在關櫃後拿到最終旅客名單時，要馬上再與所掌握的餐點內容數量進行比對，比如說若經濟艙共有兩百位旅客，那麼今天的餐點數量必須也是兩百份，只能多不能少。其中若有五位客人訂素食餐、三位客人訂兒童餐、一位客人替不佔位的嬰兒訂嬰兒餐、七位客人訂不吃牛肉餐，那麼負責廚房的空服員就要到客艙中去一一找出這十六位乘客，確定他們真的有訂特別餐，不是幻想；並告誡他們如果有換位子一定要告知任何一位空服人員，在派送餐點時才能正確送至他們的新座位。

起飛至安全高度、完成派餐前的前置作業（由烤箱轉置熱餐盒於餐盤上、擺放飲料在餐車上……）後，為免混亂，我們會在推出一般餐車前，一手一盤，個別先行派發特別餐給這些確認過座位的旅客。

旅行社借助航空公司力量盡善他們服務的精妙之處就在於此。除了替旗下團體旅客因個人理由代訂的正規特別餐之外，只是因為我們作業流程上基於方便而先行派送的特別餐，也變相成為一種「旅行社才做得到」的花招。旅行社為使團體旅客有「餐點被空服員特別送過來」、「比其他一般客人還要早吃到餐點」的自爽錯覺，往往鼓勵旗下客人們選訂特別餐。即便沒有不吃牛肉之類的特殊需求，也告訴他們尚有海鮮餐、低脂餐、低鹽餐……，甚至大人也能訂兒童餐。

這群平日裡堅忍不拔的業務、老闆們，好不容易有了公司招待出國享受的機會，對他們的公司而言，他們是扛起業績的勇士、對旅行社而言，他們是被委託照顧的衣食父母，我們雖然也是親自接待他們的人，但在前兩者替他們構築出的桂冠舞台中，我們似乎又被隔閡成為更下一階級的人。雖然在直銷、保險業工作的人大多會與人保持「以和為貴」的原則，畢竟誰都有可能會是潛在顧客、甚至可能收進麾下成為下線。業績好、出國玩心情好，他們對我們幾乎也從不頤指氣使，甚至多有種從基層苦幹實感而起的親切。不過，或許是因為他們真正體驗過世界的殘酷，所以一旦能有得到任何好處的機會，他們便也不吝於發問、附和、甚至爭奪。

拿不吃牛肉餐為例，有人在拿到自己的不吃牛肉餐後，若發覺一般餐的主餐內容也不是牛肉，而且有兩種選擇，感覺起來還比自己手中的餐點好吃，便會向空服員提出詢問，能不能改吃一般餐。甚至在這時會賴皮說不吃牛肉餐是旅行社硬幫自己訂的，非出自個人意願，要換吃一般餐很合理。飛機上的旅客餐點一般來說為免突發狀況，會略多於整體乘客數。再不濟也有空服員的組員餐可以代墊出去（我們就為了服務至上在機上連飯都不要吃就好了）。如果只有一、兩位客人提出這樣的要求，大家心中估算一下，是會願意幫忙讓乘客換餐的。但團體旅客的威力，尤其直銷、保險這種團體乘客大多是彼此認識，且每日信心喊話、正念力量……零極限激勵鼓舞彼此的。一旦有一人發覺：「欸，可以換。」馬上會如同海浪般一波波起身向周遭人吆喝宣傳，最後要處理的可能就不止是三以下這種蠅頭小數。

再者，航空公司本著信任乘客若有訂特別餐的需求，一定是基於某種強烈理由，絕不是為了好玩、為了早點拿到餐、為了被空服員特別送過來而訂，在制定特別餐的內容上會特別嚴謹。比如猶太餐就是經由猶太教的潔淨認證，完整密封，熱餐前還必須先將餐盒拿給乘客進行禱告後，才能替他們打開密封餐盒進行熱餐動作，接著送過來。供給訂不吃牛肉餐旅客的麵包，通常也會有別於一般，是素的穀物麵包，搭配素的植物性奶油。因為一般餐的麵包及使用的奶油通常含有大量牛油成分。

飛行日本航線對於我的公司的空服員來說，餐數的掌握是一大難題。因為若是飛行日本過夜班，基於食品營養健康，回程的機上餐食會由航空公司簽署的當地餐勤公司備置上機。日本的餐食不僅好吃、大抵合乎台人口味，購買成本也應該是高得嚇人。雖然我並不實際清楚各國航空餐勤機上餐食價格，但由每次飛行日本，若要從當地上餐時，不論是餐點、亦或是麵包的數量，都會「一個不多」的剛好就能推測，定是不便宜才不願隨意購置浪費。不若飛行中國、東南亞國家之時，當地餐勤總會買菜送蔥般，多給我們超過總量的好幾個餐盒、麵包。

但人的心思怎能估算？

即便藉由大數據的幫助能理出個大概（我的公司時不時會對乘客使用各式餐點的數量進行調查），若是以人文的心思預想，還是不能這樣粗暴地將個體化為百分比內的一個小分子。兩百個客人，就有兩百種心思，對應服務他們的五到八位空服員，拉著自己的一台小車子，惴惴的希望若是我發出一份雞、妳就發出一份豬；A乘客若是選了一份魚，B乘客就能選一份牛。這樣的複雜交縱之下，也會影響空服員推薦餐點的語氣。或是也會有像我一樣的空服員，總還是會不好意思不讓客人沒有公平選擇的機會，不知是忠於公司或是忠於客人，還是只是忠於自己不願善變的陳腐的心，平鋪直述的介紹。給客人一個許願的機會，再祈禱命運能來迎合，但哪有天天過年的。

所以，飛行日本航線，尤其是回程由當地上餐時，若是有客人表示雖然訂了不吃牛肉餐，但想改吃一般餐，我們通常會先以冠冕堂皇的、為了客人好的角度回覆：「但一般餐之中可能也有牛油成分，實際營養內容我們並不清楚。為了您著想，還是用您原本的不吃牛肉餐比較好喔。」

通常，十有九次會被客人瀟灑反擊：「我沒那麼嚴格啦！」然後再看他登高一呼：你要不要換餐、你要不要撲克牌、你要不要喝啤酒、我幫你跟空服員說……。

「我們這邊五個都要。」最後客人道。

大數據下為人性保留的特別心思，還是詭變地令人眼球翻到後腦勺。

畢竟是民以食為天，許多客人或許在座椅、娛樂系統這種硬體設備方面不會多有抱怨，身體能做到的範圍就盡量行到自主管理（這也是應該）。不過，對於餐點這種應該是能有所選擇的事情就會莫名期待。當運輸產業的主軸已經在科技發展下，從「運輸」朝「服務」靠攏後，這種現象就轉化成一種原罪。

尤其當國際運輸的內容還帶有民族意義的色彩之後，人類關懷的心思就會上升到一種意識形態的層次。

在航空業工作，我一直感到特別有興趣的一個客群，便是僑民。在國外生活卻不會回來的一群人。

或許是因為自身國際勢力低落產生的自卑感，這種感觸在中國崛起後更形深刻，我對歐美國籍的台人擁有一種不可言說的複雜心思。我很羨慕他們，同時又很鄙視他們，兩股情緒糾結成為應該可說是嫉妒的東西，而嫉妒又是世人最不願意承認的情感。

我已經是周遭的人之中較能往世界去的人，不純然困居在不諳水性的島裡。可是再更小心眼的比較起來，我在世界的任何一個角落，除卻台灣，依舊是個外來者，還是一個以服務人體舒適為業的外來者（飛安在一般人眼裡只要沒摔飛機都顯得微不足道）。世界這張背板再大再美，都像參加婚宴時的精心裝扮，主角仍是結婚的人，不是自己。

儘管僑民們的處境也很微妙，他們在自己國家，或許也是被欺辱的對象。但一旦回到祖國懷抱，又立馬能被眾人高舉著勝利的旗幟熱烈歡迎。真正遠走高飛的人和以遠走高飛為謀生手段的人，高下立見。我嫉妒得不願將他們當作本國人民對待，也不願將他們視為外國人民。我窄仄的心思開出的小縫，往往就注意到他們也很矛盾的那一面。

飛行長程航線時，降落前的第二段餐由於供應在客人休憩過後，意義上比較類似早餐，因此我的公司通常提供的餐點選項會是一種中式的粥，及一種西式的蛋（視各航點乘客屬性會略有不同）。若當日機上大都是東方面孔，我們自然會擔憂中式選項不夠；若滿滿是西方面貌，則相反地擔心西式選項不足。但若是再仔細分辨乘客的國籍，會發覺一個有趣現象：即便是拿歐美國籍的東方面孔，還是喜歡吃粥。他們不是香蕉，反倒比較像是橘子，扒開皮後是同一種黃澄顏色，即便白色纖維滿佈其上，還能夠一眼辨認就是黃色的。

每當我用英文詢問：「Congee or egg？」答覆我的是Congee的時候，心中產生的怨懟會比就是中文的回答要多上許多，尤其在粥都發到要不夠的時候，我難以產生原鄉的親切，只能嗔怪他們是吃裡扒外的叛逃者。

就我個人感覺，土生土長的台灣人在「粥和蛋」這件事上還是比較好處理的，這似乎是我們近年來致力於西化的結果。但移民者對家鄉的印象會和實際的家鄉產生一段落差，甚至會有似於小別勝新婚的朦朧之美，這會讓他們有一種家不是家的感慨與固執，也造就了他們矛盾的討厭。

在我還沒做空服員之前，聽到這樣「愛國」的故事，人在曹營心在漢的，護照的封面怎麼換，還是堅持著一些東方傳統、東方思維，我會覺得感動、會感覺民族的底氣還是牽連在一起的。但當我做了空服員之後，為了這麼小的關乎我工作順遂與否的餐點選項問題，儘管發不夠是發、發得夠也是發，不外乎這兩種結果，我該非常習慣了才是（所以我特別喜歡只有一種餐點選擇的航線），我還是會想將自己的不如意怪罪到某一種更值得怪罪的事物上，擺脫自己渺小的無力感。恰巧，這些黃皮膚的外國人，對我而言是一種很顯眼的存在，為了掩飾自己的嫉妒，吃不到葡萄說葡萄酸就容易了。

我曾經遇過一個事件是這樣的，一位美籍台裔旅客向我要了中式的選項，有時我們提供的餐包會依據主餐內容也分為兩種，而那天中式餐點搭配的是一般常見的圓麵包、西式搭配的是可頌。在我準備夾取麵包的時候，他說：「我要可頌。」我回說中式選項就是搭配圓麵包，若想要可頌可以等我發完餐確定有多再給你嗎？他竟又答：「那妳為什麼直接給前面那個人可頌，妳這樣就是種族歧視，台灣人歧視台灣人。」

前面那個是一位白人旅客，他點的是西式的選項，所以我直接給了他可頌。由於事情發生得非常突然，那位客人到我這處幾乎是沒有醞釀就爆出了不滿，令我十分錯愕。可頌麵包在口感與味道的層次上都較圓麵包要豐富許多，很多客人若發覺有可頌麵包，幾乎不論自己要的是不是西式選項，都會要求想換一顆可頌麵包（但若中式選項提供的是白饅頭時，客人的心思又會朝白饅頭靠攏）。那日恰好是西式選項發的較不夠的時候，可頌麵包雖然有多，但為免最後西式發到不足，還能提供西式麵包給吃不到想要選項的客人，我非常保留地與每一位吃中式但想換成可頌麵包的客人表達同樣的話術，期望餐點數量與客人心思能達到平衡。不料，那位客人就這麼爆了粗口。

那時我已經做到了是現在的副座艙長職級，應對這種乘客較有經驗也較不容易慌張，我馬上再度誠懇地表示真的是因為餐點數量有限，和種族歧視沒有關係，且前面那位白人旅客選的的確是西式選項。但那位客人不想接受我的解釋，看都不看我自己又嘟囔了幾句我聽不清楚的話語，逕自拆開餐具包就要用餐。看到此，我也只能繼續往下一位客人前進，暫且放下他的事情。最後可頌麵包有多，我又另外擺在小盤上給他送過去。客人沒有一聲謝謝，亦不多看我一眼，直接用手拿取可頌，盤子也不要。

我沒有感覺多大侮辱，只在事後諸葛時自我感覺良好地覺著這位客人真是可憐，一顆麵包都能牽扯到種族歧視，想來他在他的「國家」定是受到了許多不公平的待遇，才會如此脆弱敏感。

服務業當然不是以令人無限上綱欺負指責為本的職業，我也不是多麼善良柔軟的人，我能陪個笑臉、摸摸鼻子走了，也僅是為了息事寧人。

在我把工作和自己分得很開的時候，就突然能夠感覺很以某種身分驕傲的人的好笑。比如說，我是鑽卡所以你們就該對我如何如何。最常發生的鑽卡情結事件，大抵上是一位坐在經濟艙的鑽卡，要求我們提供給他商務艙的拖鞋、睡衣、飲料、泡麵……。即便我的公司早早已經明文規定不須為鑽卡提供跨艙等的服務，許多人還是會梗著一口氣要東要西。還曾遇過客人在極短程的港澳線上大發雷霆，因為我們提供的餐點是冷的涼麵，而她尖銳道：「中國人就該吃熱的。」那位旅客是一位中年台灣婦女，我尋思，究竟她口中的「中國人」，是近現代國際意義上的中華人民共和國、還是一九一一年孫文創建的中華民國、或是更廣義一點的整個漢民族，體裡流著炎黃血液的都算、或僅僅是三民主義得以流通的台澎金馬？

站在免關稅的、得以半空飄浮於國界之間的載體之內，民族性的刻板印象有時候可愛，有時也不近人情地令人唏噓。

我和僑民打交道時發生過最令我尷尬癌發作的事件，倒不是這類有人爆氣的故事，而是一個溫柔和藹許多、且可以說是相當親切的場景。

那日我飛的應該是一個溫哥華或是西雅圖的返程，在我們做完第二段餐點，即將抵達台灣的時候，一位台裔旅客前來廚房和我們要水。台灣人和大陸二線城市中老年旅客有一項事後回想會感覺有趣，服務當下卻只想生氣的習性，攜帶保溫瓶上機。幾乎每個人背包上做於包面兩側、便於直立插入物品及拿取的空間，都會一邊是一把摺疊傘、一邊是一個保溫瓶。入海關過 X-ray 時不能攜帶超過一百毫升的液體，所以旅客上機時，保溫瓶內幾乎都是空的。當他們遭遇到迎賓的空服員時，會以類似不吸二手菸的身體保健態度，要我們給他們在保溫瓶裡加溫水。機上沒有現成的溫水，我們只能自己調給他們，一半全熱的、一半常溫偏涼的。出水的孔洞依機型不同設計也有差別，若遇上整個廚房只有一個出水口、或流速偏慢水流偏小的時候，面對源源不絕幾十個開記者會般伸過來的保溫瓶，會有一種在飲料店上班的痛苦錯覺。多喝溫熱水，一種很保留在大陸及台灣的傳統健康態度，小時候媽媽提醒自己不要喝冰的的時候，不感覺什麼，只覺得俗套，但也在耳濡目染下逐漸認為這是一件再正常不過的事，不論身體有什麼病痛、是宿醉還是曖昧，都會想要體貼地說一句，多喝熱的。但當我有機會常常出國，發覺不論是東南亞或是美國，總愛在飲料杯裡加入滿膛的冰塊，且哪有什麼半糖少冰的囉唆，我才會突然驚覺，啊，原來我很台灣哪。

那位台裔旅客亦是拿著一個保溫瓶前來廚房，很有禮貌地說：「一半熱的、一半冷的，謝謝。」口音是台灣的，有點ㄢㄤ不分、尾音沒有兒化的那種。水流時空服員與乘客之間會有大約三十秒的空間，常有人喜歡在這時搭話：「回去還要飛嗎？」、「妳常飛這條航線嗎？」、「妳的Base在台灣嗎？」他應該也是問了我這類常見的問題，我亦是簡潔有禮地答了。我原以為他是出國去玩的那種旅客，沒想到在聊天的過程中才發現，他是在國外工作且拿到身分的海歸，這次是他坐完了長久的移民監之後的首次返台，表情語氣都非常興奮。我模仿他興奮的神情恭喜他取得身分（究竟為什麼要恭喜呢？）、預示他返台愉快。然後，他就說了那句令我尷尬癌發作的話，一句看似合理卻令人渾身不對勁的東西：「還是台灣最好了，台灣有健保好方便，我們那邊看醫生好貴。我這次要去看各科醫生把藥都拿齊，回去就不擔心了，省錢。」

不知道為什麼，聽到他這麼說，我突然有種被背叛的、被剝削的次等公民的感覺，我嫉妒得不得了、憤怒得希望他趕緊退出廚房這片簾幕之外。我從小到大生病就拿著健保卡掛號費一百五十元，跟多喝熱的一樣，是文化與環境與我一起生長最終長成我的自然，然後有人遺棄了這個地方，還要回頭來挖些好處再走。阿里山的神木也是這樣的感覺吧，用自己的根底涵養守護了這片土地，然後被砍掉，做成高級檜木家具，肥了誰的口袋。將自己比喻成神木或許不妥，但國與國、民族與民族之間，誰有資格欺負誰？

所以我說這或許是同文同種的原罪。如果對方就徹頭徹尾是一個外國族的人，不論他是拿著保溫瓶裝溫水、還是稱讚台灣健保制度的健全，我獲得的都能是更正面的感覺。

我想起了一個絕佳的例子，一個從歐美國家返程台灣的航班，做第二段早餐的時候，一位白人女性乘客問我哪一種選項好吃，那日亦是「粥跟蛋」的鷸蚌相爭，不過發過半場，就能發覺粥又更受青睞一點。當她這麼問我的時候，帶著即將抵達目的地亦或是西方人的熱情洋溢，我完全可以依著均衡餐點的商人之心，也回演一齣「我比較喜歡蛋噢」的劇碼，漁翁得利一回。可是我不知道為什麼我心軟了，那一刻我突然好想好好做一個友善的空中小姐，親切地告訴她我真的喜歡粥喔，這是一種你們的生活可能不會出現的食物，可是是我們從小吃到大的，我真的喜歡，妳該試試。所以我就這麼做了，而她也欣然接受了我的建議。

有時我們公司的中式早餐餐盤上，會附上一包旗魚鬆，那日亦有。在我發完餐準備往下一排推進的時候，那位小姐又攔住我，問，這個是什麼？手裡拿著旗魚鬆。我答了這是魚肉乾燥過後做成的一種食品，我不太會解釋，但在我們國家很常見，和粥加在一起很好吃，請務必試試。回過頭結束餐點服務，我們拉著餐車在替客人收拾餐盤的時候，我特意有些期待炫耀似的再向那位小姐詢問怎麼樣覺得好吃嗎，她指著空空如也的餐盒大力讚賞粥真的很棒，謝謝我的推薦，她以後會多嘗試這類食物，也開始對我成長的地方產生興趣（她要轉機去越南），說找機會會過來玩。那天後來粥真的發到不夠，差了三份、五份左右。我到豪華經濟艙甚至商務艙去借了他們多出來的粥品，才補足了這個缺口。

當我來回奔波於各個艙等之間問餐、調餐，還要一邊吩咐手下們該做什麼、怎麼做，我突然有種無賴的感慨，服務業要做到真誠熱心其實不太容易，因為著實又累又煩，尤其別人還把你當屎的時候。若我感覺自己只是螻蟻一般渺小的存在，怎麼樣能令自己舒服一點、方便一點，就成了行事宗旨，更大的一些責任感、意義圈套我不會在乎，因為過於遙遠，就像螞蟻不會羨慕人類一樣。除非能內化催眠自己其實屬於某一個大概念之中，或是庸俗一點，就是有實質利益在驅使著你，令你即便不認同也能假意迎逢，不然要人能天生克服這道關口、就是喜歡服務人群，那必得是萬中選一的天命之人（不過我們也勉強接近萬中選一了）。所以一些利益團體反而諷刺地喜歡和高道德標準掛鉤，提出工作倫理、催化教育員工請看重自身價值、愛惜羽毛，因為一旦底下人內建了這樣的意識，人事成本就省了。大家是為了使命感、自我實現在上班，不是俗氣的薪水。接著便有了這樣的新聞出現：空服員集體請颱風假，枉顧乘客滯留機場，造成航班大亂。

究竟誰才是該死的人呢？是不願付特殊假日雙倍出勤費用以利誘員工上班的航空公司，還是覺得錢那麼難賺還可能會死不如躺在家睡大覺的空服員，或是機票飯店都訂了我可不能浪費這個錢我就是要出國的旅客？

講來講去，誰都不在意義之中，誰都渺小得可憐。

那日後來做完早餐後，準備下機前，我抄到一包選用中式但未使用旗魚鬆的乘客剩下來的完整旗魚鬆，特地拿去送給那位接受我推薦吃粥的白人女性。她又高興得使用了即將抵達目的地亦或是西方人的熱情洋溢，給了我一個擁抱。令我又自我感覺良好得認可自己做了一次優秀的國民外交。

我從來不認為自己活在什麼巨大的意義之中，我也不是次次都對乘客這麼好，那日或許只是我自性的一次迴光返照。所以有時當我看見底下人對乘客有些不耐煩的口氣行為時，比如說，在進行冷飲服務的時候，有客人想要一杯熱茶或熱咖啡，而學妹答：「現在只有冷飲喔。」連句抱歉都沒有、也沒有要記下乘客座位稍後再送來的意思，我雖然會因在上位者之心而無可避免地先感覺學妹不專業、不禮貌，再稍緩一下也能明白你我不過都是螻蟻，事情有做完、乘客沒抱怨就好。當下若是我有空閒，便會先去幫忙學妹將客人的特殊要求做好送來，不是因為體貼，而是我覺得這樣比較有效率。

最經典的服務業又累又煩，尤其別人還把你當屎的事件，當數二〇一九年年初發生的一起超胖白人男子要求空服員擦屁股一案。

我亦載過那位客人，能夠如此確定就是那位客人沒錯，除了因為他令人難以忘懷的外表之外，也因為他在我所飛行的航班上，同樣提出了擦屁股的要求。我那趟在座艙長的堅持下，沒有一位空服員去替他擦屁股，因為座艙長認為我們即便是服務業，但並不需要做到如此程度。客人該有自覺自己若有什麼有別於一般的特殊需求，必須能夠自我處理。尤其能夠來搭飛機的人，絕大多數都是有基本智識水平的人，將自己的麻煩推給「服務業」，不啻是一種自欺欺人又偷懶的做法。

但那趟我的航班上卻出現了一位天使。這位天使不是空服員，而是一位坐在胖白男附近的乘客。這位客人是一位美籍白人女性，俐落捲曲的黑色短髮、中性穿搭，予人一種堅毅可靠的實在感。她在胖白男向空服員提出擦屁股的要求時恰巧聽見，在我們拒絕他的要求後，示意我們過去，表達自己可以幫他這個令人尷尬十足的忙。她的理由是，自己的職業就是照顧這類有特殊困難，無法自行解決生理需求的患者，這樣的事情對她而言司空見慣，而她更明白這樣的事情對一般人來說會覺得難堪，所以她願意幫這個於他人而言困難、於自己而言平凡的小忙。

座艙長遂了她的善意，所以在我載到他的那趟航班，因為這位乘客的出現，形成了難得的雙贏局面。每次胖白男有如廁的需求時，我們便去喚那位乘客，並提供給她一次性的塑料手套及大量的濕紙巾，由她替他處理如廁事宜。我想那位乘客是一個真正對於自己的工作有強烈使命感的萬中選一之人，所以在工作之餘、在沒有實際薪資的驅使下，依舊願意做這樣吃力不討好的事。

但何謂空服員的使命感呢？這在台灣的航空公司之中還是非常曖昧難解的事。我在前面的章節曾經提到，在空服員受訓時，絕大多數的訓練都是跟「安全」有關，這是運輸產業的核心，亦是所有後來的起點。但在受完訓練上機之後，真正在做的事情大多卻與安全離得很遠。連我自己在報考航空公司的面試時，都完全誤解了空服員的意義，一味提及自己有多喜歡接觸人群、多熱愛從人與人的互動之中得到回饋（當然都是一些鬼話）。

說到空服員面試，就不能不說到一個空服界的大鄉野傳奇。傳說，久遠久遠以前，曾有一位空服員發覺一位乘客爺爺不小心便溺在自己的身上，不單慈悲心腸替爺爺清理乾淨，還向機長借了一套衣物讓他換上，讓爺爺不至於尷尬羞恥，反而笑咪咪下機而去。有求職者會在面試時提及自己聽說過甚至親眼看過這個故事，因為相當感動於人性的高貴，便報考了這個工作，希望自己也能成為這樣的人。在我進入我的公司的最終主管面試環節，亦活生生聽見和我同組面試一位女孩，範例重現般，講了同樣的故事及感想。

如果不斷打破疆界、出人意表的服務是空服員的使命，那麼航空公司的訓練就該以此為主軸，標準SOP化，不該僅是用一些虛妄的道德高度，踩著空服員的軟肋般，明示、暗示我們該做到這樣的程度，才配稱作一個空服員。當我們進入公司受訓，實在發覺了空服員的本質其實是為守護飛行安全而來時，漸漸會開始對於航空公司掛羊頭賣狗肉的行為、對於社會期待的空服員樣本，有了嗤之以鼻的感慨。明明安全是最重要的，颱風天飛機卻照飛不誤，說是為了不要耽誤旅客的行程；明明安全是最重要的，卻不停在吹捧各類空服員如何放下身段、為人為己的故事，卻罔顧我們的精神狀態，巧立名目各種壓縮休息時間。

在胖白男的事件上了新聞後，有許多人獵奇般的來詢問我：如果是妳，擦不擦他的屁股？

我想了一下，我覺得我會擦。但畢竟想像和現實的差距頗大，真的臨到那個情況，沒有天使般的乘客挺身而出，我或許也會害怕厭惡地轉身逃去；也不能因為我說我會擦，不擦之人就不配做一個空服員。每個人對於所有事件的耐受程度本來就不盡相同，而替客人擦屁股更完全不在我們的訓練之中，憑什麼要人為了維護公司形象及高服務水平而去做自己不願意的事？

簡單來說，若是有客人說自己要吃飯，不論他是大聲疾呼、禮貌請求，我們都會提供給他，因為這本來就我們的業務範疇。但若在業務範疇之外，比如，我就曾遇過客人搭機蜜月旅行，新婚丈夫有些興奮靦腆地問我如果是蜜月旅行，有沒有什麼特殊服務。老實說，是沒有的。就像坊間傳說若在搭機途中生下孩子，此嬰孩將獲得該航空公司提供的終生免費機票，都是一些眾人對飛行這件事的過度幻想。那時我還是一個剛進公司不到一年的小菜鳥，對於社會的現實與險惡還沒有那麼透徹的了解，沒有那麼世故，也心懷火花地希望能夠為客人做些什麼，增添他們旅程的美好。我請客人稍待，先去向負責我這一艙等的副座艙長學姐報告此事。沒想到學姐竟也是性格浪漫之人，遂前往商務艙用商務艙專用的香檳杯倒了兩杯香檳，再拿出機上卡片，請經濟艙的眾人寫下祝福的話語，然後領著一行人浩浩蕩蕩前往蜜月夫妻的座位，恭祝他們新婚愉快，請他們高調地使用高腳杯喝經濟艙沒有的香檳。

在上述情況下，任何一位空服員直接冷淡地拒絕道：「沒有，我們沒有為了蜜月夫婦特別提供的服務。」雖然可能壞了客人興致，公司卻也無法對我們有任何質疑與挑戰，因為這本來就不在業務範圍之中。

而在胖白男事件中，更值得耐人尋味的一點，是客人發出要求的態度。我印象中客人是以一種「你們就是該幫我」的姿態在闡述擦屁股這件事的。光是提出這樣的要求就已經是夠令人羞赧的了，對方竟還能頤指氣使的，充分顯示客人就是先入為主的認定我們就該這樣做。我相信此位客人若是搭乘歐美國家的航空公司，斷是連提出要求都不敢。

在此事件發生過後，我正巧和一位因私人行程搭乘我所服勤的班機的美籍航空公司空服員聊天。他說這件事在他們公司內部員工之間也引起了不小的討論。他們討論的結果，除了認為這位「無法自行擦屁股」的客人應該要有自知之明，帶一位可以幫忙的同伴陪同上機之外，他們還感到非常奇怪的一點是，為什麼當趟的機長不乾脆拒載那位客人？而據說那趟的組員，不單是一位空服員擦了他的屁股、座艙長擦了他的屁股，後來還終於基於男女授受不親之故，派出一位男性機師也擦了他的屁股。我在這位美籍航空的空服員和我聊過之後，才幡然醒悟，對啊，我們是有權力拒載不配合空服員指示的旅客、甚至若是我們對旅客的身心健康有疑慮，認為該乘客會影響整趟航程順遂，我們就算收了客人錢，他們也不是大爺，清楚遊戲規則且願意遵守的人才能賓主盡歡。

或許不只客人的觀念有問題，就連公司都在對我們軟土深掘，一份薪水可以做到兩倍、三倍的事，以善良美好的帽子扣得我們無法動彈。不是只有菩薩心腸的人才能當空服員、菩薩心腸也不是空服員的必要條件。如果我願意多做什麼，那純粹是出自我個人的善意，和我的職業沒有關係。

「在我剛進公司上班的時候，其實也有那種是不是應該要對客人非常非常好的直覺，不太敢要求客人遵守指示，講話也是唯唯諾諾的。直到有一天，遇到一位老外座艙長看到我這個樣子，非常直接地對我說：把你那套『Asian Shit』收起來，空服員的優先順序，第一是安全、第二是我們自己、第三是機長、第四才是客人。不需要表現地比客人還低下的樣子。」那位美籍航空公司的空服員是標準的亞裔，是在自己原生國家長大成人之後才考進美國的航空公司工作。他在話題的尾聲對我說了這段話，令一直以來試圖在工作中表現地低聲下氣的我，且不論是對客人、還是對學姐，受到了屈辱的衝擊。才終於明白，那些願把你當屎的人，就會以屎的思維、屎的態度對待你，卻不想他們自己才是最大的一坨。而若你就這麼吞忍下去，從不醒來，那麼這個世界若是臭氣熏天，自己也要負起責任。

任何人在任何地方都擁有高貴的潛力。一旦在職業道德與個人情操間出現誤會，刁民與不願負責的利益團體應運而生，只剩夾在中間的我們，裡外不是人。

胖白男是一個相當具有話題性的過激事件，而在檯面之下空服員與客人的日常是什麼呢？

除了守護安全這樣重要又冠冕堂皇、卻時常令人無法觸碰的遠大前提之外；除了一般的、無特殊要求且能遵守規定並自理身心狀態的旅客之外，我們的業務範疇究竟能被加壓或拉長到什麼境界？

就像馬路三寶一樣，在飛機上時常需要尋求空服員協助的，也大多是老人、嬰兒與母親。這類群體有他們天生弱勢之處，但不能否認他們身為人的本質，因此不論在理性還是感性上，我們亦會傾向多給予援助。不過在心有餘而力亦足的時候，幫助才能顯得從容優雅。當我們在兵荒馬亂的各式機上作業流程中，還要能騰出體貼、關懷、我為人人的心思，如前所述，除非有巨大的利益導向（薪水），或是萬中選一的特質，不然於平凡的一般人而言，都不是一件容易的事。

航空產業相當龐大，能成立任何一間航空公司，其組織架構都不會很小的。這造成了上下位者之間的疏遠，也產生了人性爭議的空間。很多東西對決策者而言只是數字，對實際執行者而言卻像是槍槍到肉的子彈。痛的是我，但於上級而言，只要我沒死都還能接著幹。

即便只是特別餐這麼小的事情，對我來說都能算是有被加壓或拉長的空間。平常一個航班，二、三十份特別餐算是司空見慣。但在某些和卡通明星聯名的特殊航班，乘客為想得到專為兒童設計的可愛餐盒，時常大人也選訂兒童餐。我曾經遇過一個班機上有八十份特別餐的情況。試想，一架飛機不過載三百人左右，就有將近三分之一的人訂了特別餐，要一份份確認座位、先行派發，才能推出一般餐，對處於絕對少數卻要承載大多數人期望的空服員而言，真是相當煩躁的事。

而若這些人訂的不是特別餐，是輪椅呢？

我想一般人大抵不會知道，若有行動方面的困難，可以向航空公司訂輪椅，在機場內由地勤人員協助推著通關、再推到機門邊，交由空服員攙扶進機艙內，當然手提行李也會幫忙提取與擺放。若是行動困難到連在機艙內都難以行走，還會有專為機內空間設計的機上輪椅可在機門邊與一般輪椅交接使用。

想到行動困難，大家直觀會想到的該是身障人士，或因為生病、受傷等因素暫時行動不便的對象。但我在機上實際服務過的身障、生病、受傷人士其實相當稀少，平均飛十趟航班都不會遇到一個這樣的客人。但我每月平均載到的輪椅乘客數卻大約是五十部甚至上百部。究竟哪來這麼多行動不便者？

這也是我進入到我的公司之後才體驗到的一大奇觀，這些輪椅乘客大多來自越南，且大多前往美國。不是因為越南人的身體特別孱弱，而是因為都是身體特別孱弱的越南老人來搭乘飛機。

這必須扯到一些歷史因素。據我和越南籍同事聊天及自己上網查資料，我得知了這些大量搭機往返於美國與越南的越南老人，大多是因一九六〇至七〇年代，民主與共產陣營對峙的越南戰爭所產生的遺物。自信心過於強大、支持民主南越，卻打不贏共產北越的美國，除了在越南戰場投入大量本國士兵、曠日持久造成人民反感厭戰以外，亦接收了許多來自越南的戰爭難民，令他們來到美國尋求庇護與建立新生活。這些在當時移民過來的越南老人雖然擁有美國護照，卻大多連基本的英語溝通都相當困難。而他們的子女後代、親朋好友，則多會利用他們的「身分」，想盡辦法依親移民。

在老的想回去、小的想過來的一來一往間，又因戰爭政治因素，像從前的大陸台灣無法直飛，只能在香港轉機一般，因為美國與越南一樣無法直飛（但在二〇一九年亦開放直飛），卻有這麼多需要來來回回探親、依親、移民的越南人民，中繼站的商機應運而生。這每每在飛美航線佔整架飛機將近過半的越南人民，幾乎是內需不足的台灣國際航空公司的搖錢樹，也是我們公司聘用有語言優勢的越南籍空服員及地勤人員的主因。

但想要搶這塊大餅的亞洲航空公司肯定不止我們。據我相當粗淺的了解，向來以飛安及服務為招客利基的我的公司，在越南航線的經營更是處心積慮。各種體貼美籍越南老公公、老婆婆的舉動，越南、台灣、美國三國機場輪椅不間斷推送，機組人員及地勤人員協助語言不通的他們通關，都令我的公司在越南、甚至整個有大量移民需求的東南亞市場打下似乎是不錯的基礎。近年來除了越南之外，還多了菲律賓及柬埔寨、寮國的這類旅客。我甚至還曾打趣似的聽學姐說過，聽說越南人只要知道自家老人搭的是我的公司的飛機，便會感覺相當榮耀，因為我們給予的的確是以外國籍公司而言，非常完善的服務，或許比他們自己國家的服務要好。

公司決策者在商業考量上或許打下了漂亮的一仗，但每當我在飛美、越的航班上看見超過三十部，甚至四、五十部以上的輪椅旅客，我即便不想有差別待遇，因為對方數量龐大令我感到職業倦怠，我還是會禁不住反感疲憊，像嚥不下去的一口噁心，因為這意味著基於人類道德，即便空服員沒有替乘客拿行李、放行李的職責，但他們的身體孱弱，我不扛，我還算是個人嗎？再者，或許是因為區域國情不同，也或許又是一種暗中操盤招攬顧客的手段，我的公司在東南亞航線，尤其是越南航線上的手提行李限制寬似海，常常一個搭著輪椅而來的老人，車上還順道載著三件超大行李。空服人員不單要替他們拿進機艙、找地方放置，結束了比一般旅客還早登機的輪椅旅客登機作業，接下來的一般乘客行李，即便我們不需幫忙抬上抬下，但在大家亂擺、行李箱被放滿而還有人的行李還沒上去的時候，我們依舊要一個一個行李箱的調整位置、搬移，最後再關上放滿行李的上方行李箱，每一件都是相當粗重的作業，而這還只是一趟航班的開場。

公司聲譽獲得了各界讚賞，身為公司一份子的我也該感到與有榮焉，這畢竟是上下交相賊才能有的光榮成果。但當我在「業務範圍」與「個人情操」間喘不過氣的時候，若是聽見有誰又讚許了我的公司服務真好，我總會想往一旁的土地唾沫一口，不屑又自戀地回道：「那是我，那是因為我的好心才讓你有賓至如歸的感受。很多事情是我依公司規定沒有必要做的，但我因為不想失去了身而為人的什麼，甘願被拉長或加壓，將自己扭成了一副社會期待的樣子，才有了這樣的結果。」

那些沒有明說的、沒有被公司規範的空間，成了人性高貴的破口，卻也相反地成了在上位者得以壓縮踐踏的墊腳石。

我知道有一天，若我因為幫忙搬運乘客行李、一人勉力拉著一台餐車受傷了；或是無法幫乘客擦屁股、無法變出一份乘客想要的餐點而被客訴，公司會說：我們沒有要妳這樣做。

我們沒有要妳這樣做。但是我不扛、我不幫忙，我還是人嗎？

另一個時常需要空服員幫忙的客群是嬰兒與母親。通常若是一家人帶著一個嬰兒的情況那還好，家人之間都可以彼此照應；嬰兒若是超過一歲了也還算是沒有問題。我們需要付出最多幫忙的就是在母親一人單獨帶不足一歲的嬰兒，甚至還有一個超過兩歲的小孩一同旅行的情況。

我因為喜歡小孩，在雙胞胎姪女出生之後，亦有幫忙照顧新生嬰兒的經驗，所以看到這樣顯然就是需要幫忙的母親，通常自發性地就會想要提供協助。我在此姑且不願論戰究竟帶嬰兒出國是不是一件損人不利己的事，嬰兒因為沒有行為自理能力，若有突發狀況、嚎哭不止，的確會給同在客艙中的人帶來麻煩。但若按我天生的性格，在關於小孩（與男人）的事情上耐心較高，所以反而私心地沒有那麼痛恨飛行的嬰孩，在幫忙母親這件事情上也較沒有怨懟。

我曾經遇過一位帶著兩個女兒單獨旅行的越南媽媽，大女兒約是六、七歲，小女兒才剛學會走路。她在登機時找到了位子卻不肯就座，且向我的下屬嚴厲表示航空公司騙她，威脅說不搭機了，要馬上提出行李，退關出艙。一般來說，乘客登機之後基於安全考量（怕有匪徒假裝是乘客，在機上放置了炸彈之後逃竄），除非有十分重大之務，我們是不會輕易讓客人在抵達目的地之前踏出機艙門的。即便是還在登機時說自己的東西就落在了候機室，出去一下便回返這樣輕鬆微小的事件，我們也會請客人在機上稍待，不厭其煩地商請地勤人員替客人出外去尋。

手下聽完她的抱怨，自然是死活不讓客人出去，請她稍候，再把問題向學姐我丟來。我了解了情況是那位媽媽以為自己帶著嬰兒就一定會有機艙隔板後一排、可以吊掛嬰兒籃的位子，甚至宣稱自己的丈夫還多付了錢並且向她保證會有可以吊掛嬰兒籃的位子，她才敢一個人帶著小孩回家鄉去。但她實際的座位不但沒有可吊掛嬰兒籃的空間，自己及大女兒的座位旁還坐有一位陌生的男性旅客。簡單一點的作法是情商機艙隔板後一排的客人與那位媽媽換位子，但那日所有可以吊掛嬰兒籃的座位亦都實在地有一位嗷嗷待哺的嬰兒，我們也不可能就這樣將客人換走。

任何跟座位、里程、升等有關的問題，在機門未關之前，就都是地勤的事。我抓緊了時間，趁著機門還大開著，踢皮球般手刀衝向門邊，請地勤進來和媽媽溝通。地勤不知和媽媽說了什麼，她們願意留下來繼續搭機，卻仍然非常非常不高興。

有鑑於媽媽在地面時的大吵大鬧、起飛後持續不爽的臭臉，手下與我都自發性地盡量少走會經過媽媽的那一側，意圖離她們越遠越好。但她的小孩實在很可愛，是混血兒，均勻地融合了東西方人種的優點，即便媽媽臭臉都還是令人想多看她的孩子一眼。

或許是為了她的孩子吧。通常若是乘客對我們不客氣，我大多會使用報復的情緒也不願對客人多體貼、多幫忙。那日我懷著一些憤懣，卻還是拿起了客艙座位資訊，在近乎全滿的客艙中尋找可能的位子。我找到一個已經被隔壁旅客放置個人物品佔據的空位，鎖定目標之後，前去詢問媽媽一家旁的男性旅客願不願意換到其他位子，給帶著兩個孩子的媽媽一個方便，讓她們擁有比較多的空間？或許是見識了媽媽在登機時的憤怒，男性旅客隨即便答應了。我領著他來到我鎖定的該是空位卻被隔壁乘客佔了的那個地方，再向隔壁乘客表示需要動用他身邊的這個位子，請將個人物品收回。那位客人自然不是非常甘願，畢竟機上空間如同兵家必爭之地，卻也沒臉繼續強霸，只好將位子讓了出來，給了我帶來的男性旅客。

接著我再向媽媽解釋已將原本坐在她們旁邊的男性乘客換走，雖然一樣不是有嬰兒吊籃的位子，但多出了一個空位，她們一家在使用上也會比較便利。

"You are too kind!" 媽媽聽完我的話後轉瞬微笑，適才的頤指氣使竟不見蹤影，握著我的手連連向我道謝了好多次。

後來，航程中段，媽媽時不時會帶著兩個女兒來後頭廚房找我們串門子。我們在媽媽去上廁所的時候，還會幫忙輪流照看她的孩子，難得地形成了一副很是溫馨的景象，我在心理上也產生了巨大的自豪與滿足。若只單看這個事件，我似乎是個不錯的人，成功解決了客訴危機、還有點愛心的樣子。不過我心裡清楚我不可能一直是這樣的，下次可能就沒有這麼好運，還有空位及不計較的客人讓我換走。

媽媽在臨降落前託同機的越南籍學妹交給我一張兩塊美金紙鈔，不是因為我服務真好而給我小費，因為她將那張兩塊紙鈔摺成了一個非常漂亮的愛心形狀。

"Passenger said you are too kind, 2 dollar is very rare, it's a symbol of lucky in my country, she wants to give you this as a gift, wish you luck." 學妹向我解釋道。

我在下機後慎重地將那張兩塊愛心放進錢包，一直隨身攜帶著。那是人生中為數不多的幸運的象徵，是我想一直記得的關於自己美好的樣子。我心裡清楚我不可能一直是這樣的，下次可能就沒有這麼好運。在我被體制的黑暗弄得十分骯髒疲憊的時候，我希望能相信自己還有光明的可能，勉強做一個還可以的人。

如果客人們還願意以理性和平的態度與我們合作，完成一趟盡可能順遂的旅程，請在此和我一起飛一遍。

首先，登機之後，若有較大件的行李需要放置，在走道上尚有許多客人魚貫進入客艙之際，請先帶著行李移至座位處，讓出狹窄的走道，稍待人龍的空檔再行擺放，能令登機作業更加順暢。帶上機的手提行李雖然不像下到貨艙的大件行李一樣會強制過磅（不過我在仁川及成田機場就曾被地勤要求也要為手提行李過磅），不過還是請大家不要過分誇張。一個人能帶上機的行李就是七公斤，一個客艙行李箱放置三到四件行李就是二十到三十公斤左右，我每次飛行都要由下往上關十到二十個將近我體重的行李箱。有時客人手機忘了關機、忘了拿頸枕、忘了把什麼不要用的放進去，還要重新打開再關一次，都是不小的職業傷害與折磨。希望大家能配合體諒這樣的訓練並不是我們主動希望的，想練的人就會上健身房請教練，不會來當空服員。

如果自己座位上方的行李擺放空間已經被放滿，要知道這不過是一個先來後到的問題，行李擺放空間皆是所有人共用的，喚一喚我們再替你找個位子便是，不需瞠目結舌認為是誰佔了你的位子。

機門關後，航機後推，我們通常會在這個時候播放安全示範帶。雖然內容千篇一律沒有新意，常搭機的人看多了都不肯看了，但由於民航法規規定所有搭機之人皆需熟悉機上安全規範，不論你是閉目養神也好、看報章雜誌也罷，就是不要在這個時候離開座位去上廁所（除非有非常非常之急用），或是起身與附近朋友閒話家常。我們在大聲喝止請乘客就座的時候，也會為您感到汗顏及尷尬。

起飛前，繫緊安全帶、放回扶手及腳靠板、椅背豎直、關上桌子、窗戶全開、小件行李完全推至前方座椅下、手機調整為飛航模式並關閉 Wi-Fi 功能。搭飛機不過就是這樣，做到之後就可以起飛了。

到達巡航高度後，基本上在飛機不太晃的情況下，若是聽見關於航程內容（飛多久、飛多高、預計降落時間、當地天氣）的機內廣播，或是看見空服員離開座椅起身工作，就可以起來動動手腳、上上廁所。而稍待之後我們會在廚房內的餐車準備完成後，就將餐車推出。若不想在狹窄的走道上與我們跳恰恰，可以等餐車經過你之前或之後再跳出座位。如果吃不到想要的餐點選擇，請相信我，我比你更感到無奈與世界不公。這就像是我愛他但他不愛我一樣註定是個無解難題，只能大方擁抱人生就是有起有落。飛機餐不是一切，若想擁有絕對選擇權，先行買碗泡麵帶上機來沖熱水還更加令人羨慕嫉妒恨。

娛樂系統若出現問題、機上 Wi-Fi 無法使用，在我們重新開機或設定網頁後依舊沒有改善，也沒有座位可以更換的時候，我想，這大概就是一個絕佳的機會您可以和自己來場心靈對話。畢竟飛機不是郵輪，人們的享受與冒險該在下機之後，不在航程之中。您買的是機票不是電影票、是座椅不是電視。是什麼讓你那麼害怕無法被填滿的光陰呢？我在機上當然只能頻頻道歉不能這麼質疑你，但在書裡我希望您若是無法面對與自己的關係，至少能準備好一塊平板、載好一套影集，讓自己得以不間斷地被動接受刺激，不再思索任何事情。

我在知名的國際 NGO 工作者褚士瑩的書中曾經讀到一段文字，說時常得搭機出國工作的他，反而感覺在點到點之間的機內空間最有家的感覺。一打開頂上的閱讀燈，即便只是昏黃光暈狹小的照射範圍，他便能明白這是一段最珍貴的、只屬於自己的時光，在日益忙碌的工作中，常常好多想看的書，都是在機上讀完的。我自己在出國旅行時除了一定會帶一本書之外，也喜歡在機場書店再隨心所欲、不計較折扣價錢地再購入一本，當作旅行的第一件伴手禮。即便搭乘飛機基本就是一個向外追尋的動作，但我想我們最終的希望，都是可以在心靈的沃土站住腳跟。在所能乘坐的最快速的交通工具中安靜下來，這種反向的練習，反而更能令自己達到平衡。

若是幸運遇到機上的乘客數不多，歡迎自佔一排座椅、拉起中間扶手躺成一列。不過不要異想天開睡在地上，因為不論是坐著、躺著，醒著、睡著，都必須要繫上安全帶才能符合航空規範。不過若是有乘客在機上發生事故，需要徵用您所佔用的座椅時，請理解您本身買的就是一個位子，不要無理取鬧說為什麼要問我、不問他，我們無法在機上舉行抽籤，只能說您就是……比較有善緣。這無關乎天上鬼神看不見的那一套，純粹就是看您願不願意做一個善良的決定，不見得會有回報，航空公司基於成本考量也不會為了這麼小的事升等你。但您若還有一點希望世界變得美好，這麼小的事就是您能做的事，更何況您買的就是一個位子。

不過為免乘客在機內發生緊急事故（要人幫忙擦屁股、要人幫忙接生孩子），航空公司除了有拒載旅客的權力之外，也請您謹慎衡量自身情況，不要存有僥倖心態，因為同在一架飛機上的人，就無可避免會成為一次生命共同體。曾有朋友有些緊張而神祕地問我：「坐在飛機上的哪個位子摔死的機率比較小啊？」我說：「不管坐哪裡摔死的機率都是一樣的。」至此您應該就能明白，一趟航程的順遂與否，是機上每一個人的共業，千萬不要為了自身的一點私慾，成為豬隊友。

最常見的豬隊友事蹟，倒不是有人生老病死這類事例，而是客人在機上酒醉鬧事。由於我所服務的航空公司不是處處要收錢的廉價航空，所以機上的酒精性飲品在乘客喝醉之前，基本上是無限量提供的。常有人會貪圖這個便宜、或就是貪杯，將飛機當成酒吧，甚至私自帶酒在機上狂飲起來（在飛機上僅能飲用由航空公司提供的酒精性飲品，因為空服人員有根據乘客身心狀況拒絕給予酒精性飲品的權力），隨後喝醉騷擾其他乘客或是空服員。聽說我的公司還曾發生過乘客喝醉在機上裸奔的事件。能喝酒的都是成年人了，請至少要有一些成人的自覺與自控能力。人都有想不顧一切瘋狂的時候，但我與機上其他乘客皆私心希望，不要在機上這個場域。

若真的在機上發生了不可抗力之情事，空服員基於領錢辦事，即使不情願也會幫你。機上沒有隨機的醫護人員，空服員也僅只接受過最基本的CPR急救訓練。若有人在機上如何，我們得以求助的也只有恰巧搭機的客人醫生、客人護理師。即使對方基於道義會幫忙，卻不能次次都奢求有醫生或護理師在場。在有人情況過於嚴重而沒有專業人士及設備的狀況下，我們能做的就是轉降最近機場。先不說航空公司要付出多少轉降成本、其他旅客的行程有多少更動，您本身的生命救護精華也容易在空中到地上的長距離中流失。所以我還是要不厭其煩地再次提醒，審慎評估自身狀況。

在機上發生不可抗力之情事（有人快掛了、機上設備異常、失火），而空服員們正全力力挽狂瀾的時刻，請您暫時放下旅客的大爺之心（應該說從來也不要存有這種心態），讓我們能專心好好對付眼前狀況。曾經聽同事說過，她所服勤的航班有客人在航程一半就突然沒了呼吸心跳，隔壁的客人忙呼叫空服員來處理。她們換走了失去意識的客人附近的乘客，騰出一個較大的空間對客人進行急救。在CPR如火如荼之中，竟還有人按服務鈴、甚至直接拍打空服員，要水、要可樂、要多一顆餐包。您可能會說：「這麼沒愛心的事我才不會做。」但這麼沒愛心的事卻是處處在上演。我們不將責任推給別人就問自己有沒有亂丟過一張紙屑、浪費過一些水資源便好。我想答案都是有的，我自己也是，那麼就容我們再次提醒彼此。

或許會有人想問，若客人們都做到上述事列，飛機上還需要空服員做什麼？

我想，我們彼此，不論是客人還是空服員，甚至是航空公司本身，需要一再一再回頭去理解的，便是這份職業的初衷。

其實在飛機發生重大事故前，若少了服務的項目，空服員在飛機上大概就僅剩下檢查緊急用品、手動調整艙門模式（一般模式／逃生模式）、示範逃生須知、確認乘客起降時是否處於最便於逃生的狀態的功能。也許是因為空服員在機上過於無聊、也許是僱主的商業考量人力成本運用，在目前世界上最安全的運輸工具之中，這些後來開發出的附加功能，竟本末倒置地變成最為人津津樂道的主軸，甚至亞洲國家的航空業還附加上了從業人員的「外貌」，作為營造一種浪漫想像的廣告效果。我可以說我是這樣膚淺地自願被騙才進入這個職場，相信各位也多少會有這種刻板印象，航空公司不肯明說卻樂觀其成，甚至雇主本身可能從沒認為這是個問題。

然而雇主、從業人員、顧客，這三者共同要的究竟是什麼？

我想我們要的都是安身立命。共處在同一個地點合作，卻能不打擾彼此，甚至友善的相處過活。若所有人皆能回到這個點上，那麼或許所有的吵吵攘攘都能過去。若是航空公司貪著成本、客人貪著向航空公司多拿好處、空服員貪著光環，誰都貪著誰一點，這架飛機便無法平衡。

其實飛機摔了便是摔了，很難不有機毀人亡的。然而不避諱談死，甚至直面死亡，我們才有生的可能。再問一遍飛機上需要空服員做什麼？我們或許看來無用、像只花瓶、以服務人體舒適為業，但在飛機失事的那萬分之一可能的存活機會，我們是不問道德、不問良心也要挺身而出的最後一道防線。將錦上添花似的意義與理想剝除殆盡，職業的赤裸不過就是訓練出一批人在該做的時間做該做的事，在您可能會死的時候，有一個會開艙門的人為您開啟一條活路。然後你我便能明白，我們貨真價實要的其實是生命；航空公司將生命的價錢放入成本裡、客人將生命視為最大利益、空服員將生命當作唯一使命，你我共同配合完成一次平安落地，謝謝搭機。

若想體驗末世的感覺，飛行一趟全滿的長程航線，在做第二段早餐的燈光尚未大開前的黑暗中，微微張開雙眼，感受各種混雜一處的人體氣味，偶爾還有從一明一暗的廁所門縫間飄出的鹹腥氣息，加上身體因長時間不自然扭曲造成的肌肉痠痛、腦袋昏沉，客艙中散落各處的分不出是你的還是我的、是有用的還是垃圾的物事，隔壁的人假裝沒發覺卻一直佔用著的中間扶手……身處在這些之中，就能稍稍體會若人類世界有個終點，大概就會是這副誰也不在乎誰，卻硬是只能湊在一塊的德性。

短程航線由於時間較短，在人還來不及顯現出原始的樣貌之前就能落地；長程航線卻要令人在同一個空間之中兌出一層細胞變化，有男人可以長出一圈鬍子、有人的衣物在強力放送的空調中還能被汗水褥濕。我總是會在巡視黑暗的客艙的時候不禁科幻地想，要是這是一架有去無回的班機、要是終點再遙遠一點，不曉得這群人能夠把這群人折磨成什麼樣子。

所幸，文明世界裡的一切，大多都還在我們的經驗得以控制的範圍，所有各種參數也無法分析準確的一切，吃不到的餐、看不到的電影、陌生而討厭的鄰座旅客、服務不夠貼心的空服員，甚至是更難預測的天氣，說實在的都不過是你我生命中的須臾。

在末世之後，艙門開啟，我們可能都在不知不覺間輪迴了一次。直到收到想著的那個人的訊息、投入等著的那個人的懷抱，我們看似回到原點，卻早已前進。我想說，不論你帶回來的是什麼，是一筆賺錢的大案子、一次驚險刺激的旅行、一段心碎的關係、一種谷底翻身的雄心壯志……，不論是什麼，終究都是，回家就好。是吧。

# 還能做什麼

在當了空服員將近十個年頭之後，才發現，我其實沒有那麼想要當空服員。為什麼不離職，你很可能這麼問我，口氣帶著直觀的理所當然。我只能盡可能不帶一絲自尊地誠實回答你，因為我離不開薪水、離不開至少習慣了的生活型態，還有，我不知道我還有沒有另一個十年可以去嘗試另一個職業、而且後悔了也不覺可惜。

我不是那麼強大的人。這至始至終，就是答案本身。

苟且的我，選擇的折衷方式，在工作與自己之間平衡的一點砝碼，就是盡可能去做自己感覺喜歡的事。二十八歲以前的我，喜歡男人、喜歡戀愛、喜歡做愛（至今也很喜歡）。如果冠上冠冕堂皇的尋找人生摯愛、結婚生子這樣的理由，我這樣的飛蛾撲火可以說是政治正確地不得了了。不知是幸還不幸，找不到喜歡的男人與之戀愛甚至做愛的我，只好去發展一些其他的興趣。我開始比較認真地寫部落格、看書，從一開始的炫耀性質（炫耀自己的文筆、職業、生活，一切悲慘的事都可以變得正能量得不像話，並以凝結成一句語錄自豪），到後來感覺自己也有了一些讀者，需要付點社會責任，反正也無戀可談，所以願意一點一點放下自己，去誠懇、去增進自己的感官觸覺，也終於發現其實自己寫得一點也不好，就像我考上大學、考上空服員這些事一樣，不過又是得天獨厚的一點幸運，我再不謙卑，就會如同終究老去的年華一般，成為邊際效益極高的一項商品，饜足以後旋即丟去。

其實我很痛苦。發現自己不想要當空服員，但也做了好多年了，而且身邊的人還覺得你這樣沒什麼不好；發現自己其實沒什麼驚世的才華，卻依舊想用一種平庸的自信，至少是稱為毅力的一種東西突圍出去。可痛苦之中也不全然是痛苦。應該說是在我承認了自己就是不滿足於自己以後，我的痛苦才終於有了流瀉的出口，我順著出去，也在苦痛之流上激起了一些新鮮有趣的浪潮。

很好笑吧，做我這個職業的人，在大家的想像當中應該都是極有自信且自豪的一群，尤其在網美文化興起之後，多少網路正妹都是我這個職業的人。且做我這個職業的人若當了網美，還更給人一種「這女的養得起自己」的弦外之音。養得起自己是一定的，但慾望若是大於生活所需，或許就需要依靠一些外來供養支撐自己的生活，可能要更認真做網美、求業配，或是找個有錢男人嫁了來取得平衡。我時常看見一些網美空服員每季若是出了什麼火紅新包，速速就會看似隨性自然但求包包要露出來地拍張美照，嫉妒到心痛之餘（怎麼可以又瘦又美又有新包包可以揹），也會不禁懷疑，我們的薪資水平該是差不了多少的吧，為什麼我不用給家用而且老大不小還賴死在家裡，卻依舊是沒錢買包？她們到底是做了什麼才可以這樣過生活？是網美真的賺很大還是男友個個富可敵國？

我想做不成網美的我永遠不會知道答案，上述這段話有多少說不出的暗喻酸澀，明眼人也是一點就通的。當然每個人有每個人亟欲追求的生活樣貌，我也相信大多數的人在某種沉澱之前，都是渴望被人看見注視的，不然我也不會寫文章、不會寫下這本書，這也是我噁心人的一種表現。

如果從實在的角度問我這份職業是不是一份好職業，以現實、以女性的角度而言，我認為，這是一份好職業沒錯。

儘管在勞資糾紛當中，空服員的薪資還有太多可以調整的空間，我也感覺，若是一份職業要求女孩子的外表、基礎外語能力、需接受嚴格專業訓練、且擁有一定程度的職業傷害（時差、長時間站立、不固定工時……），這樣的薪資水平還是少了些。不過，若以平凡的安身立命的角度而言，在不亂花錢、不與人薪資協作的情境下，買一間精華邊緣的小小的房子、一輛二手國產車代步，過一輩子還是可以的。再加上做我的職業出國遊玩的成本也較一般人低，安身立命之餘還能有些附加娛樂價值，整體而言，人生但求好像也及了個均標。

而男性在一般傳統文化眼裡，被要求賦予的責任及期待較女性更重、更大；服務業在某種褒貶不明的曖昧當中，又是於女性而言較為友善的職場。男性就算本身沒有結婚生子的壓力，自己也要很有抗衡外界眼光的調適能力，才能真正心服口服於自己。曾有一位相熟的男空服朋友告訴我，大學剛畢業那陣，告訴別人自己在機上工作，因為一出社會的薪資水準通常較同齡朋友來得高、出國也容易、身邊還正妹環繞，常常是使人欣羨的對象；但沒過幾年光景，三十左右，再和別人說自己是空服員，儘管生活於個人而言是綽綽有餘，但在他人不可說的想像裡，卻多少摻雜了一點「你也就這樣了」的鄙視。

「所以我很討厭進 cockpit。」他說：「因為你明明沒做錯什麼、做的也完全是自己喜歡的事，但卻可以感覺比機長矮一截、其他女空服看你的眼光也會有所分別。」

如果人生求的就是這樣，可以活下去，不是太高但也不算太低，恰恰嵌在了社會中堅的範疇，那麼，歡迎來做空服員。如果想以這份職業為跳板，比如說，因為制服照人人愛看，要吸引人氣比較容易，當個光鮮亮麗的網美，那麼，也歡迎來做空服員。

而我發覺自己沒有那麼想當空服員的原因是什麼呢？

追根究底，首先，是我出外久了才發覺自己其實很戀家。如果突然地告訴你：去紐約待個兩天好不好、快閃東京二十四小時好不好？一般人直覺會是個驚喜，都會以旅遊之心先說答應。但當這種突然一語成讖，因為從前沒能仔細考慮，說了好就直接發生，在這種措手不及中，才能開始辨明自己真正的心情是什麼。真正的心情是，在家待著雖然也是無聊，卻也是種安心的無趣；突然的出走是冒險的感覺，可是我真的不是那麼有勇氣的人，太多新鮮的東西、太多的目不暇給，如果只有一個人去面對，也會寂寂然打個哆嗦。

如果是班表一出就排出來要去飛的長班，那麼心裡上還稍微能有些準備。不過每到臨出門前心裡的掙扎，還是能在胸口覆上一層陰鬱，覺著這又不是去玩（雖然有時到了當地也會去玩），我為何要為了工作連覺都不能好好睡、不能每日和自己想在一起的人在一起。出國回家的一來一往間，儘管很微小，但總能感覺原先生活中的什麼已經起了變化，而那是我來不及參與也難以複製的過去。

這種飛行長程航線之前特有的心靈震盪，我們稱之為「長班憂鬱」。儘管飛了將近十個年頭，這樣的症狀稍微因為習慣而平復不少，但若說是完全沒有，那是不可能的。即便是現在的我，飛行長班之前為了晚上要熬夜而下午硬生生躺在床上休憩的時候，還是會有一種生活被倒置的錯覺。外頭的陽光明媚跟我沒有關係，當他人開始捲起今日的鋪蓋踏著歸途而來，我的今日才正要開始，而我的今日卻是他人的殘餘。客人們在飛機上呼呼大睡的時候，我是醒著收拾他們身體碎屑的人。長程航線特殊的時空條件，令我變成一個只能與他人交錯的人。

我的白晝、你的夜晚；我的日出、你的日落；晚安，我走了；早安，我睡了。

如果就這麼一直飛下去，我彷彿會永遠被排除在現實之外，像是漂浮在空中卻回不了家的太空人，地球近得觸手可及，是我所有回憶經驗的根據地，我卻只能看著，什麼也不能做。

若是突然被抓飛的長班，原先預定的事要全部更動甚至取消不說，心裡的搖擺更是劇烈。我真的曾經在飛長班前去公司的巴士上哭過，不只一次。儘管不是很久的長班，四、五天而已，我還是為了無可戀的、陳腐的日常哭了。從此我實在發覺人們真的不知道自己真正嚮往的是什麼、想擺脫的又是什麼。

曾有一位朝九晚五的上班族朋友和我形容過台北的一週。他說，禮拜一早上的台北空氣一定是陰沉而壓抑的，迫使每個人像穿上鎧甲的刺蝟，發洩不出的怒意令人不肯忍讓，人與人擦肩而過時的力道過猛，像是故意的一樣，連句不好意思也乾脆地省下；禮拜五的台北才要沸騰，每個人都是熱鍋裡的一顆小泡泡，等著凝在一起結成真正的高溫。這時街上的人們倒很喜歡碰撞貼合，總是期待什麼般的也不容易生氣。人們一致而相似的心理變化產生循環，循環造成城市的韻律。原來地球上的人是這麼生活的。我不禁這麼想，彷彿我從來沒住在台北一樣。是不是萬物都應該要有一個規律，才能自然生長。

那麼我的規律是什麼？

我的規律是，每個月二十號，會出下個月的班表。基本上不會有什麼令人滿意的狀態，尤其像我這樣總敵不過心裡震盪而軟弱愛請假的人，沒有申請自己想要的休假、航班資格，只能接受任意的、星羅棋布似的，總與自己好不容易想做的一件事對衝的航班號碼組合。然後我又要掙扎，人說我是空服員，是空服員就該到天上飛行。可是我愈飛愈發覺地上的有趣。而且，有時候，我在地上能看到自己，在天上卻不能，可人都說我是空服員，還為我喝采鼓勵。儘管我知道自己是一個過分幸運的人，但也有點警惕，幸運女神最是容易感覺無聊疲倦，她若睡了便是睡了，叫也叫不醒。所以有時候我會請假、有時候我不會；有時候我告訴自己要擁抱珍惜自己真正想望的事情、有時候我心頭的小鬼又緊張兮兮地說沒了這份工作妳就什麼都不是。所以我半調子地懸在半空，高不成低不就。

有些同事可以五年、十年一天假都不請，有時候我覺得她們是不是有神經病，天上那種環境與兩、三百人的身體皺褶、髒污、腳氣混在一起，被人呼來喚去，怎麼可能覺得人生有意義；輕蔑之後，待到年終獎金發下來那日，公告下來全勤之人幾乘幾的業務獎金，心裡再一盤算，才發覺自己是不是有神經病，我讓我的桀驁、任性、疑似靈魂細碎卻很可能不是的一點軌跡，拿走了我好幾萬塊新台幣。何苦跟錢過不去。我心頭的小鬼又探頭出來說。然而我的人生有意義了嗎，我的靈魂被尋回了嗎，人還是只記得我是一名空服員。到現在，我若是請假不去上班被我媽知道，她還會唸叨我：妳難道不怕公司生氣？

我怕，怕極了。我在害怕之中唯一能感受的一點溫柔與撫慰，形成我的第二個規律。每個月十五號、三十號，會發上個月的飛行時數津貼及這個月的底薪。我在高談闊論意義及找尋靈魂的同時，依舊能輕易被金錢愛撫到流出水來，就為了每個月這兩次確實的陰蒂高潮，我放棄了更深入探索自己的可能，去找到一隻合用的陰莖，我的靈魂伴侶。

我被這兩條規律圈養，逐漸地，空服員們形成一個牢不可破的小團體，像紅頭高牆內的娘娘宮女，用自己的語言講自己的話題。我們習慣講號碼就知道飛哪裡、講數字就知道負責哪一個區域、講話習慣夾雜英文單字及機上用語，然後我們開始不講人的語言只講空服員的語言，人難理解，還要翻白眼嗔一句：你不懂啦。奇怪的是人還覺得妳好可愛，像在欣賞一隻會說人話的九官鳥。

這份工作經驗的難以累積也是令我覺得非常可怕的地方。儘管在同一個職場做久了，一定能長出一些時間積累而出的手勢順遂，一上場，就能如同本能般自然地擺出正確姿態。可是這份姿態帶出場外，卻少有人能夠重視，像是運動員在賽場上受盡喝彩，也是經由長久練習而來。但那精華的年限一過，自己就只能被綁綁在過去的榮光之上，脫不掉也捨不得脫。我相當害怕這種走出去就什麼都不是的感覺。

那就不要走。你會這麼說。

可是我討厭。我嘟嘴還想裝個可愛。

我就在各種矛盾中求生，惶惶然過到了今日。我該為自己感到驕傲，畢竟是在生存之戰中活到了現在。可是我驕傲不起來，因為那其實是來自於我不敢賭的軟弱無力。

所以大約到我二十八歲，意識到自己隱隱然的轉職年限卻還沒有轉職以後，我再也沒有像小時候一樣的，有人問你做什麼的時候，開口能有的暢然快意。儘管人還是羨慕，是吃得牢的一口飯，但當我自己無法認同這個價值的時候，就像無法流通的貨幣，買不通我所謂稱心如意的那道門檻。

如果經過時間精力的積累，卻不能讓我變成一個自己喜歡的人，那麼我是不是做錯了？

每當在客艙之中該做的事都做完，卻也還飛不到目的地的時候，我們會拉上廚房拉簾、拿下幾個裝載機上物品的鐵箱子當作矮凳，躲在裡頭吃飯、聊天、納個小涼。這時大夥最常幽幽拉開的話題，不外乎是同事八卦、制度變更、妳遇過誰飛過誰、飛了哪有沒有去過哪。我們用著空服員的語言嬉笑怒罵，在這安全而熟悉的堡壘之中，即便是不熟識的、第一次一起工作的人，都能很快建立起親切找到連結。但當話題巡迴一遍、當大家終究無話可說產生一刻靜默，或是發覺在這個航班和上個航班甚至是上上個航班說的話竟如此相仿，我會感覺非常非常的寂寞。

我們是被教育著也自認著非常不一樣的一群人，可是說來說去的話竟也是如此這般地重複與毫無價值，我在這份落差之間，常會搞不清楚，究竟是這份工作令我變笨了，還是我本身就是因為愚笨才被選進這裡，國師看的根本不是以訛傳訛的長命百歲，而是看此人是否心智矇昧、易於操弄。

有些人早已習慣了這樣的感覺，認為這不過是一份工作，如果寂寞是安身立命一卵雙胞的另一面，是不想太前也不想太後維持剛好的生活的一種必須，因為太努力就不只是在這裡了、沒有一點努力也是進不了這裡的，那麼寂寞一點又有什麼所謂。當寂寞發酵，我在話已說完的靜默之中、發現自己又說了一樣的話的驚詫之中，總會很是無力，然後開始問起自己還能做什麼。

安身立命之外的生活是什麼樣的呢？是無賴散漫、冒險進犯，還是結婚生子？或是有沒有可能上述都不是，就只是我想要自己是什麼樣子便是什麼樣子？

我們都很害怕丟臉，尤其是會做這份工作的人，所以大多數人在安身立命之外都擅於將自己打造成更完滿美好的樣子。這世上或許真有完滿美好之人，而我獨獨能確定的是，我絕對不是。我是帶著許多痛苦缺失，才一路爬行搖搖晃晃來到了現在這裡。我或許會一輩子做空服員、或許不會，我的人生沒有答案，我在討厭著自己的同時也試著喜歡著自己，空服員這個職業無法定義完全一個人，但那也是我的一部分。也許我就是因為將錯就錯才來到這裡的。

如果生活不能因為有所遲疑而暫時停止，每天還要吃喝拉撒，至少，不要令自己只是被習慣與本能拖著走。盡可能的，以主動的態勢去思考經歷我的之於我是什麼，對我而言，光是思考這件事，儘管思考出的答案是，嗯，我不喜歡當空服員，那也讓我抓住了一點生命的主動權，至少我開始分辨出了自己的喜惡，認出了自己一點點。

SAN FRANCISCO INTERNATIONAL
International Terminal
Door 02

從西雅圖奇胡利玻璃藝術園（Chihuly Garden and Glass）中望出去的太空針塔（Space Needle）。

aimer c'est
du désordre...
alors aimons!
ICK LIEBE DIR
MUNSMAWA
JEG ELSKER DEG
NDIKUKONDA
TE IUBESC
je t'aime

巴黎的我愛你牆。